Matière

et

Conscience

THÈSE

Présentée à la Faculté de Théologie protestante de Montauban

EN JUILLET 1902

PAR

MARTIAL PITHON

BACHELIER ÈS-LETTRES

POUR OBTENIR LE GRADE DE BACHELIER EN THÉOLOGIE

TOULOUSE

IMPRIMERIE LABOUCHE FRÈRES

1902

REPUBLIQUE FRANÇAISE

UNIVERSITÉ DE TOULOUSE

Faculté de Théologie Protestante de Montauban

PROFESSEURS

MM. C. BRUSTON, ✳, I. U, *Doyen*. Exégèse et Critique de l'A. T.
    A. WABNITZ, I. U . . . . Exégèse et Critique du N. T.
    E. DOUMERGUE, I. U. . . . . Histoire ecclésiastique.
    F. LEENHARDT, I. U. . . . . Philosophie et sciences.
    F. MONTET, A. U . . . . . Grec du N. T. et patristique.
    H. BOIS, A. U . . . . Théologie systématique.
    L. MAURY, A. U . . . . . . Théologie pratique.
    A. WESTPHAL, A. U . . . Théologie biblique et histoire
                                 des religions
  J. PÉDÉZERT, ✳, I. U, professeur honoraire.
  J. MONOD, ✳, I. U, doyen honoraire.

EXAMINATEURS

MM. F. LEENHARDT, I. U, président de la soutenance.
    E. DOUMERGUE, I. U.
    H. BOIS, A. U.

À LA MÉMOIRE VÉNÉRÉE DE MON PÈRE

À MA MÈRE

À M. LE PASTEUR VIEL

Président du Consistoire de Toulouse

Respectueux hommage de reconnaissance

M. P

PRINCIPAUX OUVRAGES CONSULTÉS

EMILE FERRIÈRE.... *L'âme est la fonction du cerveau*.
CHARLES RICHET.... *L'homme et l'intelligence*.
EMILE SAISSET...... *L'âme et la vie*.
A. BAIN .... *L'esprit et le corps*.
TAINE............... *De l'intelligence*.
LETOURNEAU .... *Science et matérialisme*.
W. WUNDT........ *Eléments de psychologie physiologique,*
                              trad. Rouvier.
E. NAVILLE .... *Le libre arbitre*.
     »   *La physique moderne*.
RIBOT............. *L'hérédité psychologique*.
LEBLAIS .... *Matérialisme et spiritualisme*.
C. BASTIAN........ *Le cerveau organe de la pensée*.
A. FARGES .... *Le cerveau, l'âme et les facultés*.
H. BERGSON....... *Matière et mémoire*.
     »   *Essai sur les données immédiates de la*
                              conscience.
LANGE .... *Histoire du matérialisme*, trad. Pommerol.
R. PICTET.......... *Etude critique du matérialisme et du*
                              spiritualisme par la physique expéri-
                              mentale.
STALLO .... *La matière et la physique moderne*.
H. SPENCER .... *Premiers principes*, trad. Cazelles.
A. HANNEQUIN..... *Essai critique sur l'hypothèse des atomes*
                              dans la science contemporaine.

L. Buchner............. *Force et matière*, trad. Regnard.
A. Lalande .... *La dissolution opposée à l'évolution.*
C. de Freycinet .... *Essai sur la philosophie des sciences.*
E. Boutroux........ *De la contingence des lois de la nature.*
    »   *De l'idée de loi naturelle dans la science et dans la philosophie.*
Léopold Mabilleau. *Histoire de la philosophie atomistique.*
Leibniz .... *Monadologie. Ed. Boutroux.*
Ch. Renouvier...... *Nouvelle monadologie.*
    »   *Les dilemmes de la métaphysique pure.*
    »   *Histoire et solution des problèmes métaphysiques.*
A. Sabatier.......... *Essai sur l'immortalité.*
C. Flammarion...... *L'inconnu et les problèmes psychiques.*

MATIÈRE ET CONSCIENCE

INTRODUCTION

Position du problème. — Motifs pour lesquels nous avons traité
ce sujet. — Notre méthode. — Objections et réponses.

L'inconnue appelée vulgairement *matière* est-
elle capable d'expliquer les phénomènes de conscience et de pensée ? Tel est le problème que nous
avons essayé de résoudre dans les pages qui
suivent. Nous ne nous faisons pas la moindre
illusion : nous savons parfaitement que ce n'est
rien moins qu'une étude critique du matérialisme
et de l'idéalisme que nous avons entreprise.
Pour justifier le choix d'un sujet aussi important,
et surtout aussi vaste, il n'est pas inutile de
donner quelques mots d'explication.

Avec l'étude des idées de matière et de conscience nous sommes au centre même de la
philosophie, au point d'où partent les divers
systèmes qui, sous différents noms, sous des
formes plus ou moins déguisées, tendent tous à

se ramener à trois types principaux : matérialisme, spiritualisme et idéalisme. Où donc se trouve la vérité au milieu de toutes ces spéculations ? Telle est la question qu'il est impossible à tout homme quelque peu cultivé de ne pas se poser un jour. Mais on ne saurait traiter ces questions avec trop de prudence, car de toutes parts on se heurte à de terribles préjugés. Nombreux sont les savants, fort compétents en leur matière, mais très ignorants en philosophie, qui prétendent au nom de la Science ériger en dogme le Matérialisme. Et d'un autre côté, dans les milieux religieux, l'incohérence des idées n'est pas moins grande, mais en sens inverse : on admet comme évident qu'il y a en nous deux principes, l'âme et le corps, la matière et l'esprit. En douter serait se faire taxer d'athéisme. Et athées et chrétiens se regardent le plus souvent avec pitié, pour ne pas dire avec mépris. C'est au milieu de ces discussions que nous avons été appelé à étudier la philosophie, nous spécialisant autant que possible dans l'étude des notions de matière et de conscience, afin d'acquérir sur ce sujet des idées précises, de nous faire une *croyance qui soit nôtre, et non basée sur une autorité quelconque.*

Quelles méthodes s'offraient à nous pour atteindre ce but ? Nous n'en connaissons qu'une : c'est la méthode scientifique et rationnelle qui consiste à aller des faits aux théories, du connu à l'inconnu. Nous avons demandé successivement

nos réponses à la Physiologie, à la Physique, à
la Chimie, et enfin à la Raison. C'est avec ces
données, et avec ces données seules, que nous
avons construit nos hypothèses, ou plutôt que
nous avons déduit les seules conclusions légitimes
que, d'après nous, on peut tirer de l'étude des
sciences et de la philosophie.

Les personnes qui liront notre modeste essai et
qui auront l'obligeance de discuter avec nous nous
feront certainement deux principales critiques
auxquelles, pour éviter tout malentendu, nous
tenons à répondre tout de suite.

On nous reprochera d'avoir soulevé trop de
questions tout en ayant été incomplet. Nous le
reconnaissons sans aucune arrière-pensée. Ces
deux critiques sont vraies.

Mais il faut s'entendre. Avec un pareil sujet il
est bien difficile, pour ne pas dire impossible, de
ne pas se laisser entraîner.

Une question en éveille une autre.

Petit à petit, au fur et à mesure que le problème
se précise, on éprouve, malgré soi, le besoin de
synthétiser les données que l'on possède déjà, et
de se faire une conception générale du monde.

Il n'y a d'ailleurs à cela aucun inconvénient,
bien loin de là; pourvu que l'on applique toujours
rigoureusement la méthode scientifique et rationnelle. Lorsqu'on a la prétention d'avoir posé des
prémisses exactes, il ne faut pas craindre d'en
tirer toutes les conséquences. C'est ce que nous

avons essayé de faire dans notre travail, uniquement par loyauté philosophique et pour la recherche indépendante de la vérité.

Voilà pourquoi nous avons soulevé un si grand nombre de questions. Dès lors nous devions forcément être fort incomplet. Sommes-nous très coupable ? Nous ne le croyons pas. Nous n'avons jamais songé en effet, dans un travail nécessairement très court, à faire une étude complète et détaillée du matérialisme et des divers systèmes qui lui sont opposés. Pour réaliser un pareil dessein, c'est plusieurs volumes qu'il aurait fallu écrire, et non une humble thèse de baccalauréat en théologie. Bien différente était notre idée. Nous avons voulu étudier les quelques points fondamentaux du matérialisme, le concept de conscience, et déduire les conséquences des conclusions auxquelles notre étude avait abouti. Qu'on ne croie pas surtout, au sujet de notre dernière partie, que nous ayons voulu, après Leibniz et M. Renouvier, faire une troisième monadologie, ou même simplement une critique téméraire des ouvrages si connus de ces deux célèbres philosophes. Bien loin de là. Nous croyons en effet qu'une grande partie des idées, et des idées principales, développées dans les monadologies de Leibniz et de M. Renouvier sont absolument justes. Mais ces deux philosophes ne sont pas toujours d'accord. Il nous a bien fallu dire les motifs qui nous faisaient pencher vers

l'un ou vers l'autre. D'ailleurs, pour grands philosophes que soient Leibniz et le fondateur du
néo-criticisme, il y a dans leurs ouvrages certains
points obscurs, ou même insuffisamment traités.
C'est sur ces points, bien que secondaires; sur
lesquels nous avons insisté, et non sur les principaux, où tout ce que nous aurions pu dire
n'aurait été que des redites.

Mais il est temps d'en finir avec les prélimi-
naires. N'oublions pas que les préambules les
plus courts sont les meilleurs. Entrons donc maintenant directement dans notre sujet.

PREMIÈRE PARTIE

CONSCIENCE ET PHYSIOLOGIE

CHAPITRE PREMIER

LE CERVEAU ET LA PENSÉE

Il n'est personne qui ait jamais osé nier cette vérité, que dans l'économie actuelle le cerveau est la condition indispensable de la pensée. Mais, jusqu'au début du XIXe siècle, l'ignorance dans laquelle on était au sujet de cet organe permettait aux philosophes spiritualistes de diverses nuances les hypothèses les plus invraisemblables sur les rapports de la matière et de l'esprit. La philosophie de Descartes est caractéristique à cet égard. Aujourd'hui, en revanche, il n'en est plus ainsi et les philosophes les plus conservateurs sont obligés de s'incliner devant les découvertes indiscutables de la physiologie moderne. Pour nous en convaincre, jetons un rapide coup d'œil sur les conclusions auxquelles elle est arrivée (1).

(1) Qu'on nous permette de citer, à l'appui de la thèse que nous soutenons, le passage suivant de M. Ribot : « Le dualisme est fondé sur cette idée bizarre de deux substances, le corps et l'âme, complètement distinctes, totalement différentes, si étrangères l'une à l'autre que l'on s'étonne de les voir voyager ainsi de compagnie et dans des rapports constants. La question pouvait se

§ I. — **La physiologie moderne et ses résultats.**

Les découvertes de la physiologie ont prouvé d'une façon indiscutable que chaque partie du cerveau a sa fonction spéciale (1). Des expériences concluantes ont démontré, par exemple, que les hémisphères cérébraux étaient le siège de la volonté et de l'intelligence. L'animal auquel on les enlève est réduit à l'état d'automate ; il ne peut exécuter que des actes réflexes. Le cervelet a pour fonction de coordonner les mouvements du corps. Le rôle du bulbe rachidien est encore assez mal connu ; mais il est certain que la protubérance annulaire est le foyer de la fonction locomotrice. Nous pourrions continuer cette énumération et faire voir qu'il n'est pas une seule partie du cerveau qui n'ait son rôle. Il n'y a rien d'inutile dans la nature. Les divers compartiments dont la fonction n'a pas été encore déterminée par les physiologistes ne tarderont pas, vu les progrès actuels de la science, à nous révéler leurs secrets. Depuis longtemps l'âme a été délogée de la fameuse glande pinéale. L'examen minutieux de celle-ci a prouvé, en effet, qu'elle n'était qu'une sorte d'œil atrophié.

Les quelques lignes qui précèdent nous permettent de ne

poser en ces termes au xvii⁰ siècle ; dans l'état actuel des sciences elle n'est plus acceptable, et il n'y a aucune témérité à soutenir que les grands esprits qui, à cette époque, ont professé ce dualisme, seraient les premiers aujourd'hui à le rejeter. De nos jours, on tend à admettre de plus en plus une corrélation intime, une compénétration mutuelle entre les deux ordres de phénomènes, si bien que la difficulté n'est pas de les unir, mais de les séparer ; et l'on ne s'expliquerait pas comment ce dualisme radical est encore si accrédité, si l'on ne savait qu'il est encore plus difficile d'extirper une vieille erreur que de faire accepter une nouvelle vérité. » Ribot. *L'Hérédité psychologique*, p. 391.

(1) Voir les expériences de Flourens, citées par Emile Ferrière dans *L'Ame est la fonction du cerveau.*

pas insister sur les localisations cérébrales. Nous rappelle-
rons seulement que la parole est localisée dans la troisième
circonvolution frontale gauche. Chez les grands orateurs
cette partie du cerveau est extrêmement développée. L'autopsie a prouvé, en effet, que chez Gambetta elle avait un
volume double de celui qu'elle a chez un homme ordinaire.
D'ailleurs, la preuve des localisations cérébrales n'est plus
à faire, après les innombrables exemples de gens perdant
certaines facultés à la suite de lésions à certaines parties du
cerveau, et retrouvant ces mêmes facultés une fois les
lésions guéries.

Mais la physiologie va encore plus loin et nous montre
notre personnalité subissant toujours l'influence des actions
exercées sur le cerveau. On connaît les troubles profonds
apportés dans tout notre être par certains poisons, tels que
le chloroforme, l'alcool, l'opium. En outre, comme les autres organes, le cerveau a besoin de repos. Dans le sommeil,
notre personnalité, notre volonté ont disparu. Nous sem-
blons être les jouets de la matière en mouvement. Il y a
plus : parfois notre intelligence et même notre personnalité
dépendent du milieu extérieur. Un trop grand froid ou une
trop grande chaleur engourdissent les fonctions intellec-
tuelles. Dans les pays chauds les Européens peuvent être
parfois presque irresponsables de leurs actes.

Les relations entre le poids du cerveau et l'intelligence
sont aussi un fait qu'il ne faut pas oublier de signaler. Au-
dessous de 1000 grammes commence, en effet, chez l'homme
la microcéphalie. Le cerveau du gorille ne pèse pas plus de
500 grammes. Différence de poids, différence d'intelligence.
L'homme est dans la plénitude de son intelligence lorsque
le cerveau a atteint son maximum de poids, c'est-à-dire
vers l'âge de trente ou quarante ans. Chez les individus
instruits, le cerveau est plus développé que chez les illettrés
et que chez les sauvages. On a retrouvé certains crânes de
Parisiens du XIIᵉ siècle. Ils sont en général moins dévelop-

pés que les crânes des Parisiens du XIXᵉ. A cette époque-là, en effet, la grande majorité des citoyens était moins instruite qu'aujourd'hui. L'intelligence serait donc en rapport avec le poids du cerveau, et sa plénitude serait entre deux limites, une limite minimum et une limite maximum. Nous avons vu que la limite minimum est environ 1000 grammes. La limite maximum semble être environ 1830 grammes, poids du cerveau de Cuvier.

§ II. — Interprétation de ces résultats.

Tels sont, esquissés en quelques mots, les principaux résultats de la physiologie moderne, résultats incompatibles non seulement avec la philosophie cartésienne, mais même avec la philosophie enseignée officiellement en France pendant une grande partie du XIXᵉ siècle. Soutenir aujourd'hui, comme le faisait encore il y a quelques années à peine M. Paul Janet (1), que l'âme, substance spirituelle logée dans le cerveau, se sert de cet organe comme un musicien de son instrument, est une théorie certes fort commode, mais qui n'aboutit qu'à faire tomber la philosophie en discrédit auprès des hommes de science. Est-ce à dire que la théorie matérialiste soit la vérité? Loin de là. De nos jours, au contraire, le matérialisme est plus que jamais la philosophie des incompétents. D'ailleurs, serrons de près la question. Et, comme notre autorité en la matière pourrait paraître suspecte, nous emprunterons nos principaux arguments aux naturalistes, aux physiologistes, ou même aux philosophes positivistes.

M. Sabatier, doyen de la Faculté des sciences de Montpellier, admet que le physiologique et le psychique sont « deux faces simultanées d'un processus combiné », mais il nie énergiquement que la pensée soit produite par le cer-

(1) Voir Paul Janet. *Traité de philosophie*, p. 825-826.

veau : « Comme naturaliste, comme homme de science, dit-il, je repousse une telle interprétation ; tant que le problème sera ainsi posé par les matérialistes, et tant qu'on ne m'aura pas montré nettement une relation étroite de nature entre le mécanisme purement physiologique de l'élément nerveux et l'esprit, je me refuserai obstinément à considérer comme démontré qu'il y a entre l'un et l'autre un rapport complet, absolu, de cause à effet, de créateur à objet créé. Non, *un mécanisme cérébral ne crée pas la pensée, ne crée pas l'esprit* (1).

La pensée de M. Sabatier est donc fort claire. Si d'après lui le mystère des rapports de la matière et de l'esprit existe toujours, la thèse matérialiste, en revanche, n'explique rien, est anti-scientifique.

Avant lui, le célèbre psycho-physiologiste allemand W. Wundt, qui a passé sa vie à étudier ces questions, avait écrit, dans ses *Eléments de psychologie physiologique* : « Nous considérons l'âme, préalablement et uniquement, comme le sujet logique de l'expérience interne (2). »

Le philosophe positiviste français Taine ne réclame pas une âme comme sujet logique, mais n'en affirme pas moins, dans son livre *de l'Intelligence*, que le physiologique et le psychique sont absolument irréductibles l'un à l'autre. « Si notre intelligence et nos sens, dit-il, étaient assez perfec-

(1) Armand Sabatier. *Essai sur l'immortalité*, p. 64.

Cf. Alexandre Bain. *L'esprit et le corps* : « Nous avons toute raison de croire que *toutes nos actions mentales sont accompagnées d'une suite non interrompue d'actes matériels* ». P. 136. Cf. aussi Claude Bernard. *La Science expérimentale* : « La matière n'engendre pas les phénomènes qu'elle manifeste. Elle n'est que le *substratum*, et ne fait absolument que donner aux phénomènes leurs conditions de manifestation, seul intermédiaire par lequel le physiologiste peut agir sur les phénomènes de la vie ». p. 133.

(2) W. Wundt. *Eléments de psychologie physiologique*. Traduction Rouvier. Tome I, p. 9.

2

tionnés, assez vigoureux, assez illuminés, pour nous per-
mettre de voir et de sentir les molécules mêmes du cerveau,
si nous pouvions suivre tous les mouvements, tous les groupements, toutes les décharges électriques, si elles existent,
de ces molécules (1) ; si nous connaissions parfaitement les
états moléculaires qui correspondent à tel état de pensée ou
de sentiments, *nous serions encore aussi loin que jamais
de la solution du problème : quel est le lien entre cet état
physique et les faits de conscience ? L'abîme qui existe entre
ces deux classes de phénomènes serait toujours intellectuel-
lement infranchissable.* Admettons que le sentiment amour,
par exemple, corresponde à un mouvement en spirale dex-
tre des molécules du cerveau, et le sentiment haine à un
mouvement en spirale senestre. Nous saurions donc que,
quand nous aimons, le mouvement se produit dans une
direction, et que, quand nous haïssons, il se produit dans
un autre ; *mais le pourquoi resterait encore sans réponse* (2). »

Il faut donc le reconnaître, quelle que soit l'école philosophique à laquelle on se rattache : le cerveau est incapable
de nous expliquer la pensée. Il ne nous révèle aucun secret.
Sur la table d'anatomie, le physiologiste est dans l'impossibilité de distinguer le cerveau d'un poète de celui d'un
mathématicien. Ce n'est pas à l'autopsie qu'on peut reconnaître si tel individu a été un citoyen honorable ou un
malhonnête homme.

Et si nous voulions agiter le problème de la mémoire,
qui se rattache si étroitement au cerveau et à ses fonctions,
nous verrions que la théorie matérialiste n'a jamais pu en
donner une explication, nous ne disons pas quelque peu

(1) Signalons à ce sujet que cette théorie des décharges électriques dans l'hypothèse moléculaire tend aujourd'hui à s'introduire
dans la science. Voir dans la *Revue scientifique*, du 13 avril 1901,
la conférence de M. Jean Perrin, intitulée : « Les hypothèses moléculaires. »

(2) Taine. *De l'Intelligence.* Tome I, p. 319-320.

satisfaisante, mais simplement logique et rationnelle. D'après les matérialistes, chaque idée, chaque image s'emmagasine dans une cellule spéciale, pour en sortir plus tard, une ou plusieurs fois, sous l'effet de certaines excitations. Nous ne voulons pas dire que cette explication ne contient aucune parcelle de vérité. Mais comment expliquer cependant, au milieu du changement incessant des molécules cérébrales, que le souvenir se transmette par la cellule disparue à la cellule remplaçante ? Comme l'a fort bien fait remarquer M. le professeur Bergson dans son livre *Matière et Mémoire,* il y a là un mécanisme dont l'explication nous échappe. D'après lui, les maladies localisées de la mémoire observées jusqu'ici ne sont nullement en faveur de la thèse que les souvenirs s'accumulent dans la substance corticale du cerveau : « Si les souvenirs étaient réellement déposés dans le cerveau, dit-il, aux oublis nets correspondraient des lésions du cerveau caractérisées. Or, dans les amnésies où toute une période de notre existence passée, par exemple, est brusquement et radicalement arrachée de la mémoire, on n'observe pas de lésion cérébrale précise, et au contraire dans les troubles de la mémoire où la localisation cérébrale est nette et certaine, c'est-à-dire dans les aphasies diverses et dans les maladies de la reconnaissance visuelle ou auditive, ce ne sont pas tels ou tels souvenirs déterminés qui sont comme arrachés du lieu où ils siégeaient, c'est la faculté de rappel qui est plus ou moins diminuée dans sa vitalité, comme si le sujet avait plus ou moins de peine à amener ses souvenirs au contact de la situation présente. C'est donc le mécanisme de ce contact qu'il faudrait étudier, *afin de voir si le rôle du cerveau ne serait pas d'en assurer le fonctionnement, bien plutôt que d'emprisonner les souvenirs eux-mêmes dans ses cellules* (1).

(1) Henri Bergson. *Matière et Mémoire*, p. 264-265.

Incapable de donner aucun éclaircissement sur le problème de la mémoire, la théorie matérialiste se heurte encore à de plus terribles difficultés quand il s'agit d'expliquer la notion de personnalité. A quoi, en effet, se réduit le *Moi* pour le matérialisme? Uniquement à une série de sensations. Par l'intermédiaire des nerfs sensitifs arrivent au cerveau une foule d'impressions diverses. Un grand nombre d'entre elles sont inconscientes. La réunion de plusieurs sensations inconscientes forme les sensations conscientes. Et c'est le flux continuel des sensations conscientes que nous éprouvons depuis la naissance jusqu'à la mort qui constitue notre personnalité. Pendant les premiers mois, alors que le cerveau est incomplètement développé et qu'il n'a subi que fort peu l'influence des sensations, l'enfant semble n'avoir aucune notion de personnalité. Son moi n'existe pas. C'est une petite machine réduite à la vie végétative. Quand l'homme est complètement développé, il a pleine conscience de lui-même et de sa personnalité. C'est aussi à ce moment que le cerveau est le mieux organisé. Bien des vieillards, arrivés à un âge très avancé, tombent en enfance. Ils n'ont guère plus conscience de leur personnalité que le petit enfant qui vient de naître. La cause en est due uniquement à la dégénérescence de la substance cérébrale. On voit donc que pour le matérialisme l'idée du *Moi* n'est qu'une résultante qui n'a aucune réalité. Quant à nous, nous repoussons formellement cette thèse, d'accord sur ce point, non seulement avec les philosophes idéalistes, mais même avec tous les philosophes dualistes. Logiquement, on ne peut additionner que des quantités semblables, et le résultat de cette opération ne sera toujours que la somme des quantités que l'on a additionnées. Il est antirationnel de vouloir faire sortir l'unité d'une somme de sensations : « *Une somme, une addition de parties*, dit avec raison M. Paul Janet, *ne formera jamais une conscience individuelle et unique.* L'unité perçue par le dehors peut être le résultat d'une composition, mais non quand elle se perçoit elle-même au-dedans (1). »

D'ailleurs, même en accordant aux matérialistes que notre personnalité n'est autre chose que la somme des sensations perçues par notre corps, le problème ne s'éclaircit nullement, au contraire. Dans cette hypothèse il reste en effet à expliquer la nature de la sensation. Pour le matérialisme, une sensation n'est qu'un mouvement transformé. Or pareille proposition est un véritable non-sens philosophique. Elle est même contradictoire. Le mouvement est objectif. Nous ne pouvons le connaître que par l'intermédiaire des sens. Tout autres sont les phénomènes psychologiques. Ils sont essentiellement subjectifs. Nous en avons une connaissance directe. Les vibrations des molécules cérébrales peuvent être en ligne droite ou en ligne courbe. Elles ne sont cependant jamais la sensation elle-même, mais simplement une traduction. Nous ne connaissons pas un seul argument quelque peu sérieux opposé par les théories matérialistes à cette objection. Car il est inutile d'invoquer ici la physique et de dire, par exemple, que les vibrations de l'éther se changent en lumière, ou que la chaleur peut se transformer en mouvement et le mouvement en chaleur. Déduire de ces faits que les mouvements du cerveau peuvent se transformer en sensations est un pur sophisme. Il n'y a, en effet, dans tous ces phénomènes, comme nous le verrons dans la seconde partie de ce travail, que changements dans la rapidité des vibrations, mais ils restent toujours de simples mouvements. La lumière et la chaleur ne sont telles que pour le sujet sentant. Entre les deux séries de phénomènes, l'abîme est infranchissable. « Supposez, dit Taine, la physiologie adulte et la théorie des mouvements cellulaires aussi avancée que la physique

(1) Paul Janet. Ouvrage cité, p. 820. Cf. Emile Saisset. *L'âme et la vie,* p. 21-22.

des ondulations éthérées ; supposez que l'on sache le mécanisme du mouvement qui, pendant une sensation, se produit dans la substance grise, son circuit de cellule à cellule,
ses différences selon qu'il éveille une sensation de son ou
une sensation d'odeur, le lien qui le joint aux mouvements
calorifiques ou électriques ; bien plus encore, la formule
mécanique qui représente la masse, la vitesse et la position
de tous les éléments des fibres et des cellules à un moment
quelconque de leur mouvement, *nous n'aurons encore que
du mouvement, et un mouvement, quel qu'il soit, rotatoire,
ondulatoire, ou tout autre, ne ressemble en rien à la sensation de l'amer, du jaune, du froid ou de la douleur.*
Nous ne pouvons convertir aucune des deux sensations en
l'autre, et partant les deux évènements semblent être de
qualité absolument différente ; en sorte que *l'analyse, au
lieu de combler l'intervalle qui les sépare, semble l'élargir
à l'infini* (1). »

Puisque, de l'avis même d'un philosophe positiviste, il
faut « se résigner à l'ignorance », est-il donc anti-rationnel,
anti-scientifique, de rejeter la thèse matérialiste et de chercher des hypothèses qui donnent une meilleure explication
des faits ? Nous ne le croyons pas. C'est au contraire l'étude
que nous allons essayer de faire dans la suite de ce travail.
Mais dès à présent nous pouvons affirmer :

1° *Que tous les phénomènes observés dans le cerveau se
réduisent à une série de mouvements ;*

2° *Qu'il n'y a pas un seul de ces mouvements qui soit
capable d'expliquer le phénomène de conscience psychologique le plus élémentaire.*

(1) Taine. Ouvrage cité, p. 322-323.

CHAPITRE II

L'INTELLIGENCE HUMAINE DANS SES RAPPORTS AVEC L'INTELLIGENCE ANIMALE

Le lecteur qui aura la patience de lire notre travail jusqu'à la fin s'apercevra certainement, dans la suite, pourquoi, immédiatement après avoir essayé de montrer que la pensée ne pouvait être sécrétée par le cerveau, nous avons voulu faire voir les rapports et les différences qui existent entre l'intelligence humaine et l'intelligence animale. C'est une question qu'il est bien difficile en effet de ne pas se poser, tant les conséquences en sont grandes. Fidèle à notre méthode, nous nous tiendrons sur le terrain purement scientifique et rationnel, ne cherchant nullement à discuter les résultats de la médecine et des sciences naturelles, mais seulement à les interpréter.

§ I. — Les données de l'embryogénie comparée.

L'embryogénie nous apprend qu'à l'origine l'homme, comme d'ailleurs tous les autres animaux, n'est qu'une cellule ovulaire détachée de l'ovaire maternel et fécondée par un spermatozoïde. Ce n'est qu'après un certain temps de vie embryonnaire qu'il est possible de distinguer l'embryon de l'homme de celui des animaux.

En se tenant sur ce terrain, on voit donc qu'il est impossible d'établir une différence spécifique quelconque entre l'homme et l'animal. L'homme est le premier des mammifères, mais enfin ce n'est qu'un mammifère. Nous n'ignorons pas que pareilles affirmations scandalisent bien des gens qui croient de fort bonne foi que l'avenir de la religion est lié au dualisme. Cependant, si on veut tenir compte de l'embryogénie, et on doit en tenir compte, cette conception philosophique est à jamais ruinée. Pour la défendre on est obligé d'accepter les pires contradictions.

A quel instant précis l'âme entre-t-elle en effet dans le corps ? Est-ce à un certain moment de la vie intra-utérine ou simplement à notre naissance ? Quel que soit d'ailleurs ce moment, aussitôt entrée dans l'être humain elle doit penser, car penser est sa fonction propre. Or, un embryon pense-t-il ? Un enfant de naissance, de quelques jours, a-t-il des idées ? Peut-on remarquer autre chose en lui que la vie animale ? Telles sont les questions qu'on a le droit de poser aux dualistes et auxquelles ils ont en effet essayé de répondre. La loi romaine fixait au quarantième jour l'animation de l'embryon. L'église catholique, qui professe le plus pur dualisme, enseigne que l'âme rentre dans le corps au quarantième jour de la vie embryonnaire chez les garçons et au quatre-vingtième jour chez les filles. On nous permettra de ne pas insister sur ces théories qui n'ont rien de commun avec la science.

Au milieu de toutes ces difficultés, quelles sont les diverses solutions qui s'offrent à nous pour trancher le problème ? Une seule, à notre avis, est réellement scientifique : c'est celle qui consiste à prendre les faits tels qu'ils sont sans faire aucune hypothèse. Oui, il faut l'avouer : non seulement il n'y a entre l'embryon de l'homme et celui des singes aucune différence radicale, mais même il est impossible de savoir en quoi l'enfant de naissance, de quelques jours, peut bien être supérieur au jeune mammifère. Nous prions cependant le lecteur qui serait trop prompt de conclure, de ne pas s'emparer de cet aveu pour nous accuser de matérialisme. Nul, en effet, comme on le verra dans le paragraphe suivant, n'est plus convaincu que nous de l'abîme infranchissable qui existe entre l'homme et l'animal.

§ II. — L'âme des bêtes et l'âme de l'homme.

Une des erreurs les plus curieuses de la philosophie cartésienne est d'avoir refusé la sensibilité aux animaux. C'est un exemple bien caractéristique des égarements dans lesquels peut entraîner la logique lorsqu'on l'emploie sans tenir compte des faits. Il faut en effet le reconnaître en toute franchise, quelles que soient les idées préconçues que nous ayons : si l'on entend par âme l'x inconnue qui possède la sensation, les animaux, et même en un sens les végétaux, ont une âme. Il serait oiseux de vouloir démontrer que notre chien souffre lorsque nous le frappons. Cependant cette vérité ne doit pas être exagérée. La sensation est d'autant plus forte que le système nerveux est plus développé. Elle augmente à mesure qu'on s'élève dans la série des êtres. L'homme souffre davantage qu'un chien ou qu'un singe. Dans la race humaine elle-même, il y a d'immenses différences. L'homme civilisé jouit ou souffre plus que le sauvage. Certains noirs peuvent marcher dans la brousse les pieds rongés par les ulcères, tandis que la plus légère blessure met les blancs dans l'impossibilité de se servir de leurs jambes. Si les femmes sont plus sensibles à la douleur que les hommes, la cause en est dûe simplement à l'extrême délicatesse de leur système nerveux.

Mais il est inutile, croyons-nous, de réfuter plus longuement la théorie cartésienne des animaux machines. Personne, en effet, n'oserait plus soutenir aujourd'hui un pareil paradoxe. Non seulement les animaux possèdent la sensation, mais encore ils ont presque toutes les qualités dont les hommes sont si fiers. Il est absolument faux de vouloir ramener tous leurs actes à l'instinct. La réflexion et l'intelligence sont manifestes chez le chien, le singe, l'élé-

phant. Les sentiments humains ne sont pas non plus
inconnus à la race animale. Il y a des mâles qui ont pour
leur femelle un amour violent et exclusif : les tourterelles,
par exemple. Certains même, à ce qu'affirme M. Leuret,
sont strictement monogames, comme les cétacés. Presque
tous les animaux sacrifient bravement leur vie pour leurs
petits. L'amour paternel et maternel est extrêmement développé chez eux, surtout chez les singes. Certains auteurs
signalent le cas d'animaux vieux et malades nourris par
leurs congénères. Il y aurait donc chez les bêtes une sorte
de sentiment qu'on pourrait appeler amour du prochain.
Les animaux sont susceptibles de très fortes amitiés. Tous
les jours nous sommes témoins de la sympathie qui lie des
chevaux et des chiens, des chiens et des chats. On sait
aussi de quel amour un chien aime son maître. Les animaux peuvent avoir d'ardentes antipathies, de violents
désirs de vengeance. Les éléphants n'oublient pas de châtier
ceux qui les ont frappés injustement. Les sentiments esthé-
tiques ne leur sont pas complètement inconnus : on sent
que le paon a quelque peu conscience de sa beauté. Bien
des bêtes ont le sentiment de la toilette et de la propreté.
Dans la *Revue scientifique* du 4 janvier 1879, M. Romanes
cite l'exemple d'un chien qui, enfermé toute une journée
dans une chambre, mit en pièces les rideaux de la fenêtre.
Quand son maître lui eut fait voir son méfait, il poussa un
hurlement et s'enfuit à l'étage supérieur en criant. « Or,
ajoute l'auteur, ce chien n'avait de sa vie été battu. » Certains animaux vivent en société : les fourmis et les castors,
par exemple (1).

Si rapide que soit cette énumération des principaux
caractères, des principales qualités des animaux, elle nous
permet de voir qu'un grand nombre de ceux-ci, loin d'être

(1) Tous ces exemples sont en grande partie extraits du livre
déjà cité de M. Émile Ferrière. Tome II, page 106 et sq.

inférieurs en rien aux hommes, leur sont parfois très supérieurs. Le cannibalisme, la polygamie, le mépris des femmes règnent en effet sur une grande partie de l'Asie, de l'Amérique et de l'Océanie. Les femmes du Paraguay tuent un grand nombre de leurs enfants. Loin d'avoir le sentiment esthétique, certains sauvages, pour se rendre plus jolis, se rendent hideux. Dans un grand nombre de tribus nègres, le sentiment du juste et de l'injuste semble être complètement inconnu (1).

En présence de tous ces faits, ce ne sera donc ni à l'intelligence ni aux sentiments que nous nous adresserons, si nous voulons trouver une différence radicale entre l'homme et l'animal. Et cependant cette différence existe. Pour s'en convaincre on n'a qu'à voir ce qu'on peut faire d'un animal et ce qu'on peut faire d'un homme. Qu'on prenne un des animaux les plus intelligents, un éléphant ou un singe par exemple, et qu'on essaye de faire son instruction. A quoi arrivera-t-on ? Tout au plus à lui apprendre à se tenir sur deux pattes, à saluer, à déboucher des bouteilles, et c'est à peu près tout. L'instruction ne sert de rien aux animaux. On dirait même qu'à l'état sauvage ils sont plus intelligents qu'à l'état domestique. Qu'on prenne au contraire un enfant chez la tribu sauvage la plus dégradée, celle qui passe pour la moins intelligente, et qu'on fasse son éducation. Si cet enfant est assez jeune on lui apprendra la langue, l'éducation et les mœurs de la nation chez laquelle on l'a transporté. Nous ne voulons certes pas dire qu'il parvienne à s'assimiler toutes les connaissances qu'un Européen de moyenne instruction possède, mais il n'en est pas moins vrai que l'abîme se creusera chaque jour plus profond entre lui et l'animal. « Le cerveau de l'animal est

(1) Voir en particulier ce que dit M. le professeur Albert Réville, au sujet des Boschmans, nègres du sud de l'Afrique, dans son livre : *Les religions des peuples non civilisés*, tome I, page 180.

petit et son intelligence est petite, dit M. Charles Richet, le cerveau de l'homme est grand et son intelligence est grande. Voilà toute la différence (1). » Pour nous, nous ne pouvons accepter sans restriction ces paroles. Elles contiennent une grande part de vérité. Soit. Ce n'est pas nous qui le contesterons. Mais *il y a dans l'homme une inconnue qui n'était pas dans l'animal.* Nous n'en voulons pour preuve que cette puissance que possède l'homme de pouvoir acquérir sans cesse plus d'instruction, de pouvoir s'élever vers les plus hauts sommets de l'idéal. Nous pourrions même aller plus loin et dire, sans faire de grandes hypothèses, que seul parmi tous les êtres l'homme arrive à la notion du Moi, à la notion de personnalité. Seul, il peut, pour ainsi dire, se dédoubler et poser le non-soi. En d'autres termes, tout nous permet de supposer que, seul parmi tous les êtres de la création, l'homme arrive à avoir conscience qu'il a conscience (2). Mais, d'après nous, la preuve la plus forte de l'abîme infranchissable qui sépare l'homme de l'animal se trouve dans le sentiment religieux. C'est ce que nous allons essayer de faire voir dans le chapitre suivant.

(1) Charles Richet : *L'Homme et l'Intelligence*, page 410.
(2) Cette dernière preuve est extraite du cours inédit d'anthropologie de M. le professeur Leenhardt, professé à la Faculté de théologie protestante de Montauban pendant l'année scolaire 1900-1901.

CHAPITRE III

LES DONNÉES DE LA PSYCHOLOGIE : LA VOLONTÉ
ET LA CONVERSION.

Nous n'ignorons pas que si ces pages tombent par hasard sous les yeux d'un matérialiste, il se demandera pourquoi, dans un travail de ce genre, nous faisons intervenir la volonté et la conversion. Pour lui, en effet, ces questions ne se posent pas. A-t-il raison ? C'est ce que nous allons essayer de voir en nous débarrassant autant que possible des idées *à priori*, et en nous restreignant uniquement au sujet qui nous occupe.

§ I. — La Volonté.

D'après la théorie matérialiste, notre personnalité étant la résultante des vibrations des cellules cérébrales, le monde est régi par le déterminisme le plus absolu. L'homme est une machine extrêmement parfaite, mais enfin ce n'est qu'une machine. Avec cette théorie, celui qui connaîtrait exactement le caractère des ascendants de tel individu pourrait dire d'une façon infaillible quelle sera la décision de cet homme dans telle ou telle situation. Or rien de plus difficile que de prévoir, même de très loin, les déterminations que prendra notre prochain dans les diverses circonstances où il se trouvera placé. On nous objectera que nous ne connaissons pas les ascendants. Soit. Il n'en est pas moins vrai qu'une grande part de contingence se remarque dans tous nos actes. Tout s'explique, ou plutôt tout s'éclaircit, si l'on admet dans le cerveau une inconnue. Tout est mystérieux et inexplicable si l'on s'obstine à vouloir soutenir que la personnalité humaine se déroule fatalement comme le ressort d'une montre.

D'ailleurs, les faits ne parlent-ils pas eux-mêmes ? Ne voyons-nous pas tous les jours des hommes changer de conduite, faire preuve de volonté, disons le mot, montrer qu'ils sont libres ? La théorie matérialiste pure est si difficile à soutenir que, sous la plume d'un auteur comme M. Emile Ferrière, qui a écrit deux volumes pour démontrer la sécrétion de la pensée par la substance cérébrale, nous trouvons des phrases comme celle-ci : « A l'exception de quelques esprits heureusement doués *qui parviennent à briser les chaînes de la matière,* on peut dire que la plus grande partie des hommes ne vaut qu'en raison directe de l'éducation reçue. (1). »

L'influence de l'esprit sur la matière est en effet si manifeste, si enracinée en nous, si vraie, qu'il est impossible à tout homme, même au matérialiste le plus convaincu, de s'en débarrasser complètement.

Il ne serait pas difficile de faire voir les monstruosités morales auxquelles aboutit le matérialisme. Puisque, d'après ce système, tous nos actes sont déterminés, nous n'en sommes en aucune mesure responsables. A quoi correspondent donc l'idée du devoir et le sentiment du remords ? Ce sont des *flatus vocis* qui n'ont aucune réalité, des supplices qui sont infligés par les vains jeux de la matière en mouvement à de malheureux innocents. Le matérialisme nous conduit à une conception du monde qui ne satisfait ni notre cœur, ni notre intelligence, ni notre raison.

Disons maintenant un mot du phénomène psychologique de la conversion dans ses rapports avec la théorie de la pensée sécrétion de la substance cérébrale.

(1) Emile Ferrière, ouvrage cité, tome II, page 373.

§ II. — **La Conversion.**

Si nous avons bien compris le déterminisme universel résultant de la théorie matérialiste, le phénomène psychologique de la conversion est absolument inexplicable. Nous reconnaissons parfaitement qu'on peut dire que, sous l'influence d'un certain agent extérieur, le mouvement des cellules cérébrales peut être changé, peut prendre une direction différente, et qu'ainsi le plus criminel des hommes peut devenir un honnête homme. Mais qui donc oserait sérieusement soutenir pareille théorie ? Tel débauché se convertit et devient un homme vertueux. Pour le matérialiste, le problème est insoluble. Cet homme a toujours le même cerveau, et cependant ce n'est plus le même homme. Pour le philosophe idéaliste ou spiritualiste qui croit à l'influence souveraine de l'esprit sur la matière, le problème est singulièrement éclairci. L'objection serait encore plus grave si nous nous transportions au milieu des nations païennes. Là, en effet, nous avons toute une hérédité de sang, de vol et de débauche. Aucune trace de vertu et de bien. Et cependant, en quelques années, en quelques mois, on a vu des sauvages devenir des modèles de vertu pour les chrétiens eux-mêmes. Comment expliquer ce changement radical dans la personnalité avec la théorie matérialiste ? Nous posons simplement la question sans essayer de la résoudre, *nous bornant à constater l'impuissance du matérialisme à donner une explication quelque peu scientifique et rationnelle de n'importe quel phénomène psychologique.*

De tout ce qui précède il résulte que le matérialisme est incapable d'expliquer la sensation et les divers phénomènes psychologiques. Il faut maintenant nous placer sur un autre terrain. Un grand nombre de matérialistes reconnaissent en effet que, dans l'état actuel de la science, il est impossible d'expliquer la formation de la sensation, mais que cependant ce n'est nullement une preuve décisive contre leur théorie. Ils se réclament, en effet, de la physique moderne. Voyons si l'interprétation qu'ils donnent des résultats de cette science est aussi juste qu'ils le prétendent. Telle sera l'étude que nous allons faire dans la seconde partie de ce travail.

DEUXIÈME PARTIE

LA CONSCIENCE ET LA PHYSIQUE MODERNE

CHAPITRE PREMIER

MATÉRIALISME ET INERTIE

---

§ I. — **Les contradictions du matérialisme avec le principe de l'inertie et de la matière.**

Ce principe est le suivant :

« Quand un point matériel est en repos dans l'espace, si aucune action extérieure ne s'exerce sur lui, il reste en repos ;

Quand un point matériel est en mouvement dans l'espace, son mouvement est rectiligne et uniforme (1). »

En d'autres termes, ce théorème de la physique moderne est « la négation de tout pouvoir propre à la matière, au-delà du pouvoir unique d'occuper l'espace (2) ».

---

(1) Définition empruntée à la *Grande Encyclopédie,* article Inertie.

(2) Ernest Naville : *La Physique moderne*, page 32.

Or, cette vérité, admise aujourd'hui par tous les physiciens, est en contradiction formelle avec la théorie matérialiste.

Si la matière est inerte, comment, en effet, expliquer par elle tous les phénomènes ? Comment, avec cette hypothèse, le mouvement a-t-il pu commencer, comment se continue-t-il et comment peut-il se modifier ? *Qu'ils le veuillent ou non, les matérialistes, en identifiant la matière à la force et la force au mouvement, aboutissent à la négation de l'inertie de la matière* (1).

C'est le renversement de toutes les bases sur lesquelles ont été édifiées, dans les temps modernes, la physique et la mécanique rationnelle. Impossible, en effet, d'identifier la force au mouvement. Tous les traités de mécanique sont d'accord pour définir la force une cause de mouvement ou de modification du mouvement.

Cependant une pareille affirmation est trop grave pour que nous l'avancions sans citer, à l'appui de notre thèse, le témoignage de savants dont l'autorité est indiscutable.

1° Newton et Euler.

Nul ne comprit mieux que Newton qu'il était impossible d'assimiler la force à la matière. Au début même de ses *Principia*, il fait remarquer au lecteur que jamais il n'a

(1) C'est ce que n'a pas vu le docteur allemand Louis Büchner dans son livre *Force et Matière*, où il identifie toujours la force et la matière. Cf. Moleschott : *La circulation de la vie* ; « Partout où deux matières sont assez rapprochées l'une de l'autre, elles exercent une action l'une sur l'autre. Cette action se manifeste comme phénomène de mouvement. *Un des caractères les plus généraux de la matière est de pouvoir, dans des circonstances propices, se mettre elle-même en mouvement comme de faire mouvoir d'autres matières.* » Lettre 17 sur la *force et la matière*. Voilà la négation formelle de l'inertie.

songé à considérer la pesanteur comme la propriété ultime
de la matière. Un passage bien connu de sa troisième lettre
à Bentley ne laisse aucun doute sur sa pensée : « Il est
inconcevable, dit-il, que la matière brute inanimée pût,
sans la médiation de quelque chose qui n'est pas matériel,
agir sur d'autre matière et l'affecter sans contact mutuel,
comme cela doit arriver si la gravitation, au sens d'Epicure,
lui est essentielle et inhérente. Et c'est pour cela que je vous
prie de ne pas m'attribuer la pesanteur innée. Penser que
la pesanteur soit innée, inhérente, essentielle à la matière,
de telle sorte qu'un corps pût agir sur un autre à distance,
à travers un vide, sans l'intermédiaire de quelque substance
par le moyen de laquelle leur action puisse être transmise
de l'un à l'autre, c'est pour moi une absurdité si grande
que je ne crois pas que jamais un homme ayant, en matière
philosophique, une faculté de penser compétente, puisse
jamais y tomber. La pesanteur doit être causée par un agent
agissant constamment d'après certaines lois ; mais cet agent
est-il matériel ou immatériel ? Je l'ai laissé aux réflexions
de mes lecteurs (1).

En ce qui concerne la fameuse loi de la gravitation universelle, il reconnaît que les phénomènes se passent
« comme si » les corps s'attiraient proportionnellement à
leurs masses et en raison inverse du carré des distances,
mais il n'a jamais donné aux corps eux-mêmes cette propriété (2).

D'après Newton, il est donc absurde de supposer qu'un
corps puisse agir à distance sur un autre corps, sans l'intermédiaire de quelque chose qui n'est pas matériel, sans le
secours d'une inconnue qu'il appartient à la science de

(1) Citation empruntée à Stallo : *La matière et la physique
moderne*, p. 34 et 35. Voir pour le texte original : *Newton's
works ed-s. Horsley*, vol. IV, p. 438.

(2) Voir à ce sujet Raoul Pictet : *Etude critique du matérialisme et du spiritualisme pour la physique expérimentale*, p. 18.

découvrir. Est-il le seul savant de son époque qui ait soutenu cette théorie ? Loin de là. Certes, comme toutes les grandes découvertes, celle de Newton eut à subir les attaques des retardataires qui ne voulaient pas s'incliner devant la vérité (1), mais plus tard Euler lui-même ne put s'empêcher d'avouer que « l'action de la pesanteur doit être due soit à l'intervention d'un esprit, soit à celle de quelque milieu matériel subtil échappant à la perception de nos sens ; et il insistait, disant que cette alternative était la seule admissible, quoique la démonstration exacte de l'origine de la force de gravitation fut difficile ou impossible (2) ».

On nous objectera peut-être que ce sont là des observations de savants des siècles passés qui n'étaient pas encore complètement débarrassés des idées se rattachant aux prétendues qualités occultes de la matière, et que depuis lors la science a fait des progrès. Voyons donc si les savants du XIXe siècle peuvent expliquer tous les phénomènes de la nature par le concept de matière.

2º MM. RAOUL PICTET, CHEVREUL ET FLAMMARION.

M. Raoul Pictet, dans son ouvrage qui a pour titre : *Etude critique du matérialisme et du spiritualisme par la physique expérimentale*, fait d'abord remarquer que, pour la théorie matérialiste, le mot *force* ne correspond à rien d'absolu, à rien de réel. C'est une simple propriété de la matière. L'univers entier doit s'expliquer par la théorie des chocs. Le matérialisme est sur ce point en désaccord formel avec la physique moderne qui admet comme vérité démon-

(1) Huyghens, Jean Bernouilli, etc.
(2) Stallo, ouvrage cité, p. 36. D'après Euler : *Theoria motus corporùm solidorum*, p. 68. Voyez aussi ses *Lettres à une princesse d'Allemagne*, nº 68, 18 octobre 1760.

trée l'inertie de la matière. Une pierre ne se met pas d'elle-même en mouvement. Il faut qu'elle ait été lancée par une force quelconque. L'astronomie permet d'ailleurs de vérifier très facilement les erreurs évidentes auxquelles aboutit le matérialisme. L'observation de l'angle que fait, en effet, le grand axe de l'orbite terrestre avec les étoiles fixes, est en opposition systématique avec ce système. M. Fulliquet a résumé ainsi le calcul de M. Raoul Pictet : « La Terre décrit autour du soleil une ellipse peu allongée, dont le grand axe idéal a une position parfaitement déterminée dans le ciel. Mais elle ne parcourt pas cette ellipse avec une vitesse uniforme, régulière, car elle n'est pas toujours à la même distance du soleil.

Or, l'attraction que le soleil exerce sur la terre provient de ce que le soleil fait écran à la terre pour un nombre considérable de chocs de l'éther, moins nombreux sur les faces extérieures des deux corps. Mais en même temps les chocs augmentent avec la vitesse relative de la terre et diminuent avec le ralentissement relatif de la terre dans son mouvement autour du soleil. Le raisonnement fait prévoir ainsi que du périgée à l'aphélie la terre reçoit des chocs plus énergiques que de l'aphélie au second périgée, que sur la branche montante de l'orbite terrestre l'intensité des chocs est plus grande que sur la branche homologue descendante, que l'axe de l'ellipse doit donc tourner d'un certain angle dans le ciel.

Voilà un résultat pratique important et curieux ! Si le matérialisme est vrai, l'axe de l'ellipse terrestre doit se déplacer dans le ciel. Mais le calcul mathématique peut être fait en toute sa rigueur et il est possible de déterminer exactement la mesure de ce déplacement. M. Raoul Pictet a trouvé $17°45'$. Or, il y a, en fait, une déviation imperceptible de $11''$. Si le matérialisme était vrai, l'axe de l'ellipse terrestre devrait se déplacer annuellement de $17°45'$; il se déplace effectivement de 1 1". Donc le matérialisme n'est pas vrai (1) ».

Nous serions entraînés beaucoup trop loin si nous voulions suivre dans toutes leurs démonstrations MM. Pictet et Fulliquet. Bornons-nous simplement à constater que, pour M. Pictet, c'est une véritable hérésie scientifique que de vouloir expliquer les phénomènes de la pesanteur par les chocs. D'après lui, la théorie matérialiste pure a vécu : « Outre la matière en mouvement, dit-il, qui peut expliquer toute une série de phénomènes, il y a une *cause* du mouvement qui n'est pas la matière en mouvement. *Une cause du mouvement qui n'est pas la matière en mouvement*, c'est la définition unique de l'esprit dans le sens physique et philosophique du mot... Nous devons pencher pour admettre que le groupement spontané des particules matérielles constituant les êtres vivants est le résultat d'un potentiel inconnu dont l'action sur la matière pondérable s'est effectuée dans des conditions mal définies et qui nous échappent. La théorie matérialiste pure, qui a pour objet de tout expliquer par la force vive actuelle, se transformant sous tous les modes par les vibrations dans les mouvements des particules matérielles et leur direction, succombe dès qu'on admet le potentiel (2). »

Dans son livre ayant pour titre *la Physique moderne* (3), M. le professeur Ernest Naville cite un fragment d'un discours de M. Chevreul, prononcé en 1874 à l'Académie des sciences de Paris. L'illustre savant s'exprimait ainsi : « Je me suis demandé si, à une époque où plus d'une fois on a dit que la science moderne mène au *matérialisme*, ce

(1) Conférence sur l'*existence de Dieu*, donnée à Lyon, en réponse à M. Sébastien Faure, par M. le pasteur Georges Fulliquet, licencié en théologie et docteur ès-sciences, p. 14 et 15.

(2) Raoul Pictet, ouvrage cité, *passim*.

(3) Page 209.

n'était point un devoir, pour un homme qui a passé sa vie au milieu de ses livres et dans un laboratoire de chimie à la recherche de la vérité, de protester contre une opinion diamétralement opposée à la sienne. »

Enfin, dans un ouvrage paru il y a deux ans à peine, *l'Inconnu et les problèmes psychiques,* M. Camille Flammarion affirme qu'en présence des découvertes de la science moderne il est insensé de vouloir assimiler la matière à la force. Loin d'être une propriété de la matière la force est peut-être la réalité ultime. « Où est la matière ? dit-il. Elle disparaît sous le dynamisme (1) ».

§ II. — Valeur réelle du principe de l'inertie de la matière.

D'après les pages qui précèdent, on voit donc que *le matérialisme, qui prétend expliquer par les mouvements de la matière la sensation, la conscience et la personnalité, non seulement est incapable de jeter sur ces notions aucune lumière, mais même est en contradiction formelle avec le principe de l'inertie de la matière, fondement de la physique moderne.* Est-ce à dire cependant que ce principe soit une vérité indiscutable ? Loin de là. Comme le fait en effet remarquer M. le professeur Leenhardt (2), l'inertie n'est en réalité qu'une hypothèse imaginée par la science moderne pour expliquer certains faits, particulièrement la révolution des corps célestes. Mais cette constatation ne porte nullement atteinte à ce que nous venons de dire sur les contradictions du matérialisme avec la science. On nous deman-

(1) Camille Flammarion : *l'Inconnu et les problèmes psychiques,* p. 9.
(2) Cours inédit de physique professé à la Faculté de théologie protestante de Montauban pendant l'année scolaire 1901-1902.

déra pourquoi l'inertie de la matière n'a pas une valeur absolue, car enfin une pierre ne se met jamais d'elle-même en mouvement. Cette remarque est parfaitement exacte. Il n'en est pas moins vrai que cette pierre qui nous paraît immobile n'est elle-même qu'un système de mouvements dont la rapidité des vibrations dépasse tout ce que l'imagination peut concevoir. Il n'y a pas en effet dans la nature de repos absolu. Tout est dans un mouvement perpétuel comme nous le montre une étude scientifique de la théorie de la connaissance. C'est ce que nous allons essayer de faire voir dans le chapitre suivant.

CHAPITRE II

---

§ I. — Unité de la matière.

Nous n'avons pas l'intention de rechercher dans ce paragraphe si l'inconnue appelée matière est finie ou infinie. Nous voulons dire simplement quelques mots de son unité de composition. Autrefois en effet on considérait la solidité, la liquidité, l'état gazeux et l'état inné comme les qualités de différentes espèces de matières. Nul n'aurait songé par exemple que l'air pût avoir un rapport quelconque avec les liquides. Or les découvertes de la science moderne ont démontré que cette antique conception du monde était on ne peut plus erronée.

Il n'existe pas *des matières* mais *la matière*. La différence entre les divers états des corps est constituée uniquement par les différents groupements des atomes entre eux. La méthode expérimentale permet d'ailleurs de démontrer cette thèse d'une façon indiscutable. A zéro degré l'eau est solide, de zéro à cent elle est liquide, à cent degrés l'ébullition la transforme peu à peu en vapeur. Certains corps exigent pour prendre les différents états des conditions physiques très difficiles à obtenir. Voilà pourquoi cette thèse a été démontrée si tard. Mais aujourd'hui il n'est pas un seul corps qu'il ne soit possible de faire passer de l'état gazeux à l'état liquide et réciproquement. Un des corps les plus difficiles à liquéfier est l'hydrogène. MM. Cailletet et Pictet n'ont pu en effet arriver à ce résultat qu'en joignant à une pression de 200 à 300 atmosphères et à une température de — 200° le froid produit par la détente du gaz (1).

§ II. — Transformation du mouvement.

Le principe de l'unité de la matière s'explique d'ailleurs fort bien si l'on étudie la transformation du mouvement. Dans l'état actuel des sciences, il est en effet impossible de soutenir, avec l'ancienne physique, que l'électricité et la chaleur sont des agents subtils renfermés dans les corps, et qui en sortent lorsque ceux-ci sont placés dans certaines conditions. Tout se réduit au mouvement. « Voici comment s'explique, dans la théorie moderne, dit M. Ernest Naville, l'échauffement d'une masse de fer frappée sur une enclume : le marteau exécute un mouvement mécanique. Ce mouvement est employé en partie à modifier la forme extérieure du fer et à ébranler l'enclume ; mais une partie est représentée par un mouvement de molécules, soit du marteau, soit du fer frappé ; et les mouvements moléculaires produisent un mouvement éthérique qui est la partie objective, c'est-à-dire la cause de la sensation. Si l'on veut dire que le mouvement se transforme en chaleur, il ne faut donc pas oublier que c'est une expression abrégée qui désigne *la transformation d'un mouvement en un autre mouvement auquel correspond la sensation*. Les traités de physique enseignent que, pour apprécier l'état de la température, il ne faut pas se fier à ses impressions, mais observer la dilatation ou la condensation d'un corps. Le sens des termes étant bien expliqué, on pourra user sans inconvénient de la formule que le mouvement se transforme en

(1) Cette expérience a été confirmée par le physicien américain Dewar.

chaleur. Inversement un dégagement de chaleur, quelle qu'en soit l'origine, peut se transformer en mouvement mécanique. C'est le fait qui se produit tous les jours dans les machines de nos chemins de fer et de nos bateaux à vapeur (1).

§ III. — Conservation et dissipation de l'énergie.

1° CONSERVATION

Il semble au premier abord que les corps se détruisent en brûlant. C'est là une erreur. La physique moderne a, en effet, démontré que rien ne se perd dans la nature. Le bois qui brûle se décompose, mais n'est pas anéanti. Il n'y a que simple transformation de la matière en oxygène, carbone, etc... Au milieu de tous ces changements d'état, le mouvement semble être à certains moments comme emmagasiné : « L'interprétation des phénomènes exige que l'on admette, à côté des mouvements actuels, des mouvements virtuels, c'est-à-dire des causes de mouvement à l'état latent, ou simplement potentiel... Ce qui demeure en quantité égale dans toutes les transformations du mouvement, c'est le pouvoir moteur actualisé ou non (2). » Cette théorie s'appelle théorie de la conservation de l'énergie.

2° LA CONSERVATION DE L'ÉNERGIE DANS SES RAPPORTS AVEC LES PHÉNOMÈNES PSYCHIQUES

C'est là une question importante entre toutes, mais fort complexe. Dans un travail de ce genre, nous ne pouvons

(1) Ouvrage cité, p. 12-13.
(2) *Ibid.*, p. 16.

— 44 —

mieux faire que de résumer très brièvement l'article de M. le professeur Ernest Naville, paru dans la *Revue philosophique* de juin 1890.

Au début de l'année scolaire 1886-1887, M. le professeur Gautier, de la Faculté de médecine de Paris, disait, dans sa leçon d'ouverture de chimie biologique : « La sensation, la pensée, le travail d'esprit n'ont point d'équivalent mécanique, *c'est-à-dire qu'ils ne dépensent point d'énergie* (1). »

Cette affirmation souleva dans le monde savant une vive discussion (2). M. Richet en particulier ne put se ranger à l'avis de son collègue. Il voulut bien reconnaître que « nous sommes loin de pouvoir établir en mesure précise l'équivalent du travail intellectuel et d'une action chimique (3) », mais que cependant tout « tend à prouver que l'existence de la pensée, c'est-à-dire de l'acte intellectuel, correspond à une certaine activité chimique (4). »

En présence de deux affirmations si différentes émanant de savants aussi compétents que MM. Gautier et Richet, comment se prononcer ? La question est-elle insoluble ou seulement difficile ? Pour nous, nous penchons vers la seconde hypothèse. S'il y a, en effet, équivalence entre les mouvements et les faits psychiques, cette équivalence doit pouvoir s'exprimer par des équations. Il est facile de comprendre qu'on ne pourra jamais faire entrer dans les équations que les idées géométriques, relatives au volume et à la direction, et les idées arithmétiques relatives à la masse et à la vitesse. *Or, un phénomène psychique échappe par sa nature même à une expression qui permette d'établir son*

(1) *Revue scientifique* du 11 décembre 1886, p. 738.
(2) Voir dans la *Revue scientifique* des articles de MM. Richet, 18 décembre 1886; Gautier, 1er janvier 1887 ; Richet, 15 janvier 1887; Herzen, 22 janvier 1887; Ponchet, 5 février 1887; Adrien Naville, 5 mars 1887; Chauveau, 4 février 1888.
(3) *Revue scientifique* du 18 décembre 1886, p. 789.
(4) *Ibid.*, p. 788.

équivalence avec un mouvement. Comme nous l'avons vu dans la première partie de ce travail (1), entre le mouvement et la sensation il y a, de l'aveu même des philosophes positivistes, un abîme infranchissable. Si le fait psychique est inexprimable en mouvement, l'équation qui exprimerait son équivalence avec le mouvement est donc impossible. Avec la thèse de M. Richet, le passage des phénomènes physiologiques aux phénomènes psychiques ne serait pas une *transformation*, mais une véritable *transmutation*, puisque les phénomènes changeraient de nature : « Que deviendra, conclut M. Naville, la doctrine de la conservation de l'énergie, si les mouvements de la matière deviennent des phénomènes d'un autre ordre, qui ne sont plus les mouvements actuels ou virtuels ? C'est pourquoi cette doctrine met en évidence la réalité distincte de l'esprit et fait que la thèse de M. Gautier sort victorieuse de la discussion.

Nous conclurons donc, avec MM. Naville et Gautier, contre M. Richet, en disant : « Le fait de la concordance ou de la concomitance des deux ordres de phénomènes est certain ; mais la concordance peut avoir lieu pour des phénomènes de natures différentes, tandis que l'équivalence ne peut avoir lieu qu'entre des phénomènes psychiques et pour les mouvements de la matière ».

3o La dissipation de l'énergie.

Le théorème physique de la conservation de l'énergie, inattaquable en un sens, a-t-il une valeur absolue, n'admet-il aucune restriction, comme le veulent les matérialistes ? Il ne le semble pas, d'après les résultats de la science moderne. Dans son ouvrage ayant pour titre *Essais sur la*

(1) Voir plus haut, page 22.

philosophie des sciences, M.de Freycinet consacre, en effet, tout un chapitre sur les causes possibles de la déperdition de l'énergie. D'après cet auteur, elles sont au nombre de deux :

1º Résistance opposée au mouvement des astres par le milieu dans lequel ils sont plongés ;

2º Rayonnement incessant du soleil et des étoiles dans les espaces célestes. Le soleil renferme une quantité énorme d'énergie, mais, si grande soit-elle, elle n'est pas inépuisable. Des centaines de milliards de rayons qui s'échappent à chaque seconde du soleil, bien peu sont interceptés par les planètes. Les autres vont se perdre dans l'immensité de l'espace. Par ce rayonnement continuel, le soleil perd peu à peu son énergie, tend à se refroidir. N'oublions pas qu'autrefois notre terre a été, elle aussi, un globe incandescent. La même évolution est réservée au soleil. Ce n'est qu'une affaire de temps. A supposer même qu'un cataclysme imprévu précipitât les uns sur les autres les divers soleils, il ne sortirait de ce choc formidable qu'une quantité d'énergie infiniment inférieure à celle renfermée dans la nébuleuse primitive. Ces hypothèses sont d'ailleurs en parfait accord avec la nouvelle thermodynamique.

En résumé, M. de Freycinet pense que le principe de l'invariabilité de l'énergie n'a qu'une valeur toute relative. Il n'est vrai que pour une période très limitée de l'histoire du monde, période dans laquelle la quantité perdue est négligeable pour les hommes. Mais l'état véritable semble être la déperdition.

Les idées de M. de Freycinet ont été reprises et complétées récemment par M. Lalande, dans une thèse de doctorat ès lettres, intitulée : *La dissolution opposée à l'évolution.* Le titre seul de l'ouvrage indique quelle en est la pensée directrice. A l'inverse des évolutionnistes anglais qui estiment que le monde est dans une évolution perpétuelle, notre auteur croit à la dissolution progressive de l'univers.

M. Lalande remarque que les niveaux et les pressions tendent à s'égaliser. D'après lui, « l'hétérogénéité n'augmente
sur un point qu'à la condition de diminuer d'une quantité
supérieure sur un autre (1). » Au principe de la *conservation*
de l'énergie, il oppose celui de la *dégradation* de l'énergie.
Le monde s'use et s'achemine peu à peu vers une mort éternelle. A force de se transformer, l'énergie devient de moins
en moins utilisable. Notre auteur expose ensuite longuement les dissolutions physiologique, psychologique, so-
ciale, etc., mais nous ne le suivrons pas dans ces discussions étrangères au sujet qui nous occupe. Il nous suffira,
croyons-nous, d'avoir montré que, d'après des auteurs
comme MM. de Freycinet et Lalande, le principe de la conservation de l'énergie est une hypothèse commode imaginée
par la science contemporaine, fort exacte en un sens, mais
qui n'a de valeur que pour un nombre très limité d'années.
Malgré les théories de la physique élémentaire, la somme
totale d'énergie répandue dans le monde diminue chaque
jour. Diminue est peut-être un terme qui n'est pas très exact,
car au fond nous ne savons pas si elle diminue réellement.
Tout ce que nous pouvons affirmer, c'est que, si elle existe
toujours, elle existe sous une forme que nous ne pouvons
comprendre, dont nous ne pouvons pas nous servir (2).

§ IV. — Généralisation de la théorie des mouve-
ments.

Nous avons déjà eu l'occasion de signaler, au cours de
ce chapitre, que la chaleur n'était qu'un mouvement. Pour
être exact, il faut étendre cette vérité à tous les phénomènes
physiques sans exception. L'électricité et la lumière par
exemple ne sont que des mouvements qui se distinguent

(1) André Lalande. *La dissolution opposée à l'évolution*, p. 56.
(2) D'après F. Leenhardt. *Cours inédit de physique*, déjà cité.

par la plus ou moins grande rapidité des vibrations. D'après le calcul fait par M. Camille Flammarion dans l'ouvrage dont nous avons déjà parlé : *l'Inconnu et les Problèmes psychiques*, au-delà de 32,968 vibrations par seconde, les mouvements sonores ne sont plus perceptibles pour nous. On trouve toute une série de vibrations inconnues jusqu'à ce qu'on arrive à l'électricité avec un chiffre de plus d'un milliard de vibrations à la seconde. Après l'électricité s'étend une zone inconnue. Les rayons lumineux infra-rouges ne commencent, en effet, à être perçus par notre œil que doués de 281 milliards de vibrations par seconde. Pour atteindre l'ultra-violet, il faut aller au-delà de un quatrillion. Au-delà, nouvelle zone inconnue. Puis ce sont les rayons X. Inutile de citer des chiffres qui dépassent tout ce que l'imagination peut concevoir. Plus loin encore s'étendent de nouvelles zones inconnues.

De toutes ces observations, il résulte que nos cinq sens ne nous permettent d'apercevoir qu'une très faible partie des mouvements constituant, pour nous, le monde extérieur. L'univers serait tout différent pour un être possédant plus de sens que nous et pouvant ainsi connaître une foule de mouvements qui nous échappent. Cependant la science peut suppléer en quelque mesure à cette lacune. Grâce à des appareils très ingénieux, nous connaissons maintenant des vibrations inconnues jusqu'ici. Nous n'avons qu'à citer, à l'appui de cette thèse, la découverte des rayons X. Il n'y a aucune impossibilité à ce que les savants des siècles futurs découvrent encore d'autres vibrations.

La physique moderne réduit donc l'univers à un système de mouvements qui, suivant la plus ou moins grande rapidité des vibrations, impressionnent d'une façon différente nos organes des sens. La vibration extérieure, fait physique, atteignant le nerf, y produit une excitation, phénomène physiologique, qui est lui-même une vibration, c'est-à-dire un mouvemement, ou un ensemble de vibrations de molécules composantes. Ce mouvement vibratoire transmis le long du nerf arrive au cerveau. Dans le cerveau se produit alors un mouvement correspondant comme nous l'avons vu dans la première partie de ce travail. *C'est de la rencontre de ces mouvements que jaillit, d'après la théorie matérialiste, ce qu'on appelle la sensation, la conscience psychologique.* Or, c'est ce que nous contestons formellement, non seulement au nom de la raison, mais au nom de la science. Certes, les deux mouvements existent et ils sont indispensables, dans l'économie actuelle, pour l'apparition de la conscience. C'est indiscutable. Le nier serait faire preuve d'ignorance. Mais ce que nous affirmons, c'est qu'entre le mouvement et la sensation il y a une différence radicale. *Il est contradictoire d'admettre que la conscience épiphénomène, la conscience mouvement, juge un autre mouvement, la lumière par exemple.* Pour que la plus petite cellule arrive à la sensation la plus élémentaire, il faut que, derrière les mouvements des corps qui constituent cette cellule, se cache un x absolument inconnu, dont nous ne pouvons rien dire, sinon qu'il existe (1).

§ V. — Divisibilité et indivisibilité des atomes.

Comme nous l'avons vu dans les paragraphes précédents, le monde extérieur se réduit à un système de mouvements. Les mouvements eux-mêmes proviennent des différentes vibrations des atomes. Mais que sont exactement les atomes ? Telle est la question qui se pose maintenant.

Par définition, l'atome (de α privatif et de τέμνω, couper)

(1) C'est à dessein que nous ne discutons pas la thèse transformiste soutenue par Herbert Spencer dans les *Premiers Principes* : la pensée n'est pas un mouvement, mais une transformation du mouvement, car, au fond, elle se ramène à la théorie que nous combattons.

est indivisible. Or, rien de moins exact. Les récentes découvertes de la chimie contemporaine ont montré, en effet, que l'atome est un véritable monde. Dans une conférence dont nous avons déjà parlé, M. le professeur Jean Perrin, exposant aux étudiants de l'Université de Paris les idées du physicien anglais J.-J. Thomson, disait, il y a à peine un an, que l'étude des rayons cathodiques avait permis de supposer « *l'existence de corpuscules dont la masse est seulement la millième partie de l'atome d'hydrogène* ». De même, M. le professeur Leenhardt dit, dans son cours de physique : « Les atomes sont des corps complexes. » Que devient, après ces affirmations, la fameuse indivisibilité des atomes ? D'ailleurs, la raison vient à l'appui des faits. Pour si petit qu'on suppose l'atome, on peut toujours le diviser, du moins en théorie, sinon en pratique. Une fois engagé dans cette voie, il n'y a aucune raison pour s'arrêter : « Supposons, pour mieux éclaircir le sujet, dit M. de Freycinet, que le procédé soit appliqué à une longueur déterminée, à une portion finie de ligne droite. Cette portion est d'abord partagée en deux moitiés, chacune de ces deux moitiés en deux autres, et ainsi de suite, indéfiniment. Les longueurs respectives des parties, à chaque degré de l'échelle, seront représentées par les fractions : un demi, un quart, un huitième, un seizième, etc. Aucun terme ne pourra être assigné à cette série descendante, puisque la longueur correspondant à ce terme pourra encore être partagée en deux moitiés, qui porteraient le terme plus loin. La géométrie et l'arithmétique manifestent ainsi, de concert, la division à l'infini ; l'une sur une longueur, l'autre sur la grandeur abstraite, le nombre.

En même temps que chaque partie se trouve exprimée par une fraction de plus en plus petite, le nombre de ces parties devient de plus en plus grand. Il est représenté successivement par les chiffres deux, quatre, huit, seize, etc., sans qu'on puisse davantage assigner un terme à cette progression ascendante. Nous sommes, dit Pascal, placés entre les deux extrêmes de la petitesse, entre le néant et l'infini.

Ces extrêmes ne peuvent être atteints ni l'un ni l'autre. Nous avons beau accumuler les divisions, le nombre des parties ne sera jamais infini. Nous avons beau diviser de nouveau chaque partie, nous n'amènerons jamais sa dimension à zéro. Les parties les plus réduites gardent toujours une trace de grandeur, puisque réunies entre elles, juxtaposées bout à bout, elles doivent reconstituer la longueur donnée. Or de purs zéros, accumulés en aussi grand nombre qu'on le voudra, ne reconstitueraient jamais une quantité finie (1). »

La science et la raison pratique postulent donc en dernière analyse des parties de matière à la fois divisibles (2) et indivisibles. L'antinomie est-elle insoluble ? Nous ne le croyons pas. Mais pour la résoudre il faut s'adresser non à la science mais à la Critique de la raison pure. C'est ce que nous allons faire dans les pages qui suivent.

(1) C. de Freycinet. *Essais sur la philosophie des sciences*, p. 59-60.

(2) Cf Arthur Hannequin : *Essai critique sur l'hypothèse des atomes dans la science contemporaine.* « Ainsi s'impose à notre science le lien qui doit unir au mieux défini de nos concepts la réalité finie : l'atome, *contradiction flagrante du divisible indivisible*, portant en soi l'ineffaçable preuve que toujours quelque chose du monde échappe à notre intelligence », p. 75.

TROISIÈME PARTIE

L'ESPACE ET LE TEMPS DANS LEURS RAPPORTS AVEC LA THÉORIE DE LA CONNAISSANCE

CHAPITRE PREMIER

ÉTUDE CRITIQUE DES IDÉES D'ESPACE ET DE TEMPS

---

§ I. — L'Espace.

Nous n'avons certes pas l'intention de critiquer ni même simplement d'exposer dans un travail forcément très court les diverses hypothèses émises par les différentes écoles sur l'idée d'espace. Nous voulons simplement dire en quelques lignes comment une étude critique de cette idée résout d'une façon très scientifique et très rationnelle l'antinomie qui nous avait arrêté à la fin du chapitre précédent. Pour simplifier la question, nous concentrerons la discussion sur les théories de Kant et de M. Renouvier.

Dans la première section de l'*Esthétique transcendentale* (première partie de la *Critique de la raison pure*) intitulée *de l'espace,* Kant développe les cinq thèses suivantes (1) :

1º L'espace n'est pas un concept empirique dérivé d'intuitions extérieures ;

2º L'espace est une représentation nécessaire *à priori* qui sert de fondement à toutes les intuitions extérieures. On ne peut jamais concevoir qu'il n'y ait aucun espace, quoiqu'on puisse fort bien penser qu'aucun objet n'y est contenu ;

3º Cette nécessité *à priori* est le fondement de la certitude apodictique de tous les principes géométriques, et la raison de la possibilité de leur construction *à priori ;*

4º L'espace est une intuition pure ;

5º L'espace est représenté comme une grandeur infinie donnée.

Nous approuvons toutes ces thèses et à notre connaissance aucune objection sérieuse ne leur a été opposée. Nous regrettons de ne pouvoir en dire autant au sujet des conclusions que le philosophe allemand tire de ses prémisses. D'après nous en effet Kant se trompe en soutenant que « l'espace ne représente aucune propriété essentielle de quoi que ce soit, ni de ce que les choses sont en elles-mêmes, *ni de ce qu'elles sont dans leurs rapports aux autres choses.* »

Car enfin si nous ne connaissons aucun rapport des choses entre elles le monde extérieur nous est complètement fermé. Sans doute il est bien différent de ce qu'il apparaît à nos sens. Les rapports sont symboliques. Soit. Mais derrière le symbole se cache la réalité. Kant soutient que cette réalité est la chose en soi, le noumène qui d'après lui est complètement inconnaissable. Nous croyons que ce n'est pas très exact. Certes on peut admettre à la rigueur la terminologie de noumène et de phénomène. Le tout est de s'entendre sur les mots. Le noumène est la chose telle

(1) Voir Emmanuel Kant : *Critique de la raison pure,* trad. J. Tissot, tome I, p. 40 et suiv.

qu'elle est en réalité, et le phénomène telle qu'elle nous apparaît. Mais noumène et phénomène sont une seule et même chose et par conséquent le noumène, la chose en soi, n'est pas inconnaissable.

Cette erreur de la philosophie kantienne a été réfutée par le néo-criticisme contemporain qui a démontré aussi clairement qu'il est possible de démontrer une vérité en logique et en philosophie que l'existence de la chose en soi était contradictoire. Kant et M. Renouvier n'en sont pas moins complètement d'accord sur la nature de l'espace. Reprenant la cinquième thèse de Kant sur l'infinité de l'espace M. Renouvier tire de son infinité même la preuve de sa non-existence. Quelle que soit la dimension de l'espace que l'on considère cette dimension est infinie. Si, malgré les lois de la gravitation universelle, on pouvait lancer de la terre dans l'espace un boulet faisant un milliard de kilomètres par seconde, après un nombre d'années si grand que l'on voudra, par exemple un milliard, le chemin parcouru par rapport à la ligne s'enfonçant dans l'abîme qui se trouverait devant lui serait exactement égal à zéro. Il n'y a pas de commune mesure entre le fini et l'infini. Pour admettre l'objectivité de l'espace il faut admettre l'existence du nombre infini, nombre qui est contradictoire. La raison nous commande donc de n'attribuer à l'espace aucune valeur objective. *Il est subjectif.* C'est un voile qui nous cache la réalité et dont nous serons affranchis dans une autre vie.

Avec cette conception sur la nature de l'espace l'antinomie de l'atome à la fois divisible et indivisible tombe d'elle-même, le problème est définitivement résolu, et l'on n'a à craindre ni les reculs de la science ni ses progrès. Si en effet, par sa subjectivité, l'espace est infini en grandeur, il l'est aussi en petitesse. Il y a quelques années à peine la chimie enseignait encore que l'atome était indivisible. Maintenant on admet que tel ou tel atome est divisible en x parties. Plus tard on peut fort bien découvrir des méthodes plus savantes, des appareils plus perfectionnés qui permettront de diviser ces parties elles-mêmes en un certain nombre de fragments. Mais ces fragments, si petits qu'on les suppose, occuperont toujours une petite partie de l'espace, et par suite seront divisibles. *Pratiquement* il faudra bien s'arrêter à un moment donné car la puissance humaine a des bornes, mais *théoriquement* la divisibilité des corps est possible à l'infini, les fragments de ces corps occupant toujours une portion d'espace, et l'espace étant une création de notre esprit, un moule où il place tous les objets.

§ II. — Le Temps.

De même qu'il était nécessaire de dire quelques mots de l'idée d'espace pour résoudre l'antinomie de la matière à la fois divisible et indivisible, de même il nous faut maintenant parler de l'idée de temps pour expliquer les pages qui suivent.

Dans la seconde section de l'*Esthétique transcendentale* (*du temps*) Kant affirme que :

1° Le temps n'est pas un concept empirique fourni par une expérience quelconque ; car la simultanéité ou la succession ne tomberait pas même sous l'observation, si la représentation du temps ne leur servait de fondement *à priori* ;

2° Le temps est une représentation nécessaire qui sert de fondement à toutes les intuitions. On ne peut, par rapport aux phénomènes en général, supprimer le temps, quoiqu'on puisse très bien faire abstraction des phénomènes dans le temps ;

3° L'espace est une ligne infinie ;

4° Le temps n'est point un concept discursif ou, comme on dit, général, mais une forme pure de l'intuition sensible ;

5° L'infinité du temps ne signifie autre chose, si ce n'est

que toutes les quantités déterminées du temps ne sont possibles que par la circonscription d'un temps unique qui leur sert de fondement. Par conséquent la représentation primitive du temps doit être donnée comme illimitée.

En d'autres termes pour Kant le temps n'a aucune valeur objective. C'est une création de notre esprit. Il est subjectif.

Sur cette question nous sommes obligés d'abandonner la *Critique de la raison pure* pour aller chercher la vérité dans la théorie kantienne modifiée, ou plutôt complètement transformée, par M. Renouvier. Le philosophe néo-criticiste en effet a parfaitement mis en lumière l'erreur commise par Kant en assimilant le temps à l'espace. La cause initiale de cette erreur est la distinction contradictoire, déjà signalée plus haut, en phénomène et en noumène. Certes nous reconnaissons parfaitement que si l'on admet que le noumène n'a aucun rapport avec le phénomène, on peut à la rigueur pour celui-là se passer du temps en se réfugiant dans l'agnosticisme le plus absolu ; mais, quand par une étude approfondie des concepts de phénomène et de noumène, nous nous sommes aperçus que ces deux termes signifiaient une seule et même chose, nous sommes bien obligés de ne plus faire du temps une forme *à priori* de la sensibilité, mais de lui attribuer au contraire une valeur réelle, objective. En étudiant l'idée de temps Kant n'a pas su s'affranchir assez de celle d'espace. Il s'est représenté le temps comme un espace à une dimension, comme une ligne infinie traversant l'espace infini, quand il se réduit uniquement à une succession extra-spatiale. Nous pouvons concevoir subjectivement une vie extra-spatiale. Aucune catégorie n'a besoin de l'espace. Toutes ont besoin du temps. Si au contraire on retranche du monde la succession, et par conséquent le temps, on est obligé de se faire de l'univers une conception ressemblant fort au néant.

C'est en partant de ce principe et en reprenant l'argument du nombre infini dont nous avons déjà parlé à propos de l'espace que M. Renouvier et ses disciples postulent, comme fondement de toute véritable science et de toute bonne philosophie, la croyance au commencement de tous les phénomènes constituant la succession. Le temps a dû commencer, car dans le cas contraire le nombre infini actuellement réalisé existerait, ce qui est contradictoire. Nier le commencement des phénomènes c'est, non seulement se mettre en contradiction avec les mathématiques, mais encore tomber, au point de vue philosophique et métaphysique, dans l'éternité de la matière et dans toutes les contradictions du panthéisme. L'éternité *a parte ante* n'existe donc pas. Il n'en est pas de même pour l'éternité *a parte post*. On peut toujours en effet ajouter une unité supplémentaire au nombre par lequel on est convenu de représenter le temps futur.

Par delà le commencement des phénomènes le néo-criticisme place l'*éternité simultanée*, mais il est inutile d'entrer ici dans cette discussion. Pour l'intelligence des pages qui suivent il nous suffisait de montrer *la subjectivité de l'espace et la valeur réelle du temps*.

CHAPITRE II

DE LA VALEUR DE LA CONNAISSANCE

———

§ I. — Le Mouvement et l'Espace

Le lecteur le moins attentif ne manquera pas de s'apercevoir qu'après avoir levé une antinomie nous tombons dans une autre, tout au moins dans une grave contradiction. Nous nous sommes, en effet, efforcé de démontrer que tout dans l'univers se ramène au mouvement et que l'espace est subjectif. Mais ce sont là deux thèses en apparence inconciliables. Le mouvement implique l'espace. Les physiciens peuvent expliquer tous les phénomènes de la nature par les divers mouvements des atomes, mais pour eux l'existence de l'espace ne se pose pas. Elle est évidente. Et ils n'ont pas complètement tort. La loi qui ramène, en effet, tout au mouvement est parfaitement vraie en physique, empiriquement, mais elle n'a pas de réalité métaphysique. Est-ce à dire cependant que le mouvement n'a aucune valeur ? Loin de là. Son rôle se borne à nous donner une traduction spatiale de la réalité métaphysique.

§ II. — Le principe de la relativité ; opinion de quelques philosophes.

De tout cela il résulte que le principe qui doit dominer toute théorie de la connaissance logique et scientifique est

le principe de relativité. La relation peut être posée comme
la catégorie des catégories.

Cette manière de voir est partagée par des philosophes de
tendances très diverses. M. Stallo, par exemple, dans son
ouvrage dont nous avons déjà eu l'occasion de parler, *la
Matière et la Physique moderne*, s'exprime en ces termes :
« La pensée se réfère non aux choses telles qu'elles sont en
elles-mêmes, ou telles qu'on les suppose, mais aux représentations mentales que nous en avons. Ses éléments sont,
non de vrais objets, mais des éléments intellectuels qui
leur correspondent. Ce qui est présent à l'esprit dans l'acte
de penser, ce n'est jamais une chose, mais toujours un ou
plusieurs états de conscience... Les objets nous sont connus
par leurs relations avec d'autres objets. Ils n'ont et ne peuvent avoir de propriétés, et leurs concepts ne peuvent avoir
d'attributs, en dehors de ces relations, ou plutôt des représentations que nous en avons. En réalité, un objet ne peut
être connu on conçu autrement que comme un ensemble
complexe de telles relations... Un objet est grand, comparé
à un autre, qui, relativement au premier, est petit, mais
qui, relativement à un troisième, pourrait être infiniment
grand. La comparaison qui détermine la grandeur des
objets se fait entre ces termes seuls, mais non entre tous
ces termes et un type absolu. Un objet est dur, comparé
à un autre qui est mou ; il n'y a aucun objet type qui soit
absolument dur ou absolument mou (1). »

Herbert Spencer approuve entièrement cette manière de
voir : « L'analyse démontre, et toute proposition montre
objectivement, dit-il, que toute pensée implique relation,
différence, ressemblance (2). » Néanmoins, le philosophe
anglais ne croit pas que le monde nous soit complètement
fermé. Loin de là, car un peu plus loin il ajoute : « Il est

(1) Stallo : ouvrage cité, pages 141-149 passim.
(2) Herbert Spencer : *Premiers principes,* trad. Cazelles, p.79.

rigoureusement impossible de concevoir que notre connaissance n'ait pour objet que des apparences sans concevoir
en même temps une réalité dont ces apparences soient les
représentations. »

Enfin nous ne saurions mieux terminer ce chapitre qu'en
citant ces paroles de M. le professeur Bergson : « Le dernier
mot restera à une philosophie critique qui tient toute
connaissance pour relative (1). »

(1) Henri Bergson, ouvrage cité, p. 203.

QUATRIÈME PARTIE

LE MONADISME

CHAPITRE PREMIER

LES ORIGINES DU MONADISME DANS LA PHILOSOPHIE MODERNE (1)

Nous avons vu, dans les pages précédentes, que non seulement le mouvement était incapable d'expliquer le phénomène de conscience psychologique même le plus élémentaire, mais encore qu'en soi il n'avait aucune réalité objective puisque l'espace où il se meut est subjectif Ce n'est pas à dire cependant que nous ne puissions pas connaître le monde extérieur à travers le voile de l'espace. Si nous avons vu en effet que la relation est la catégorie des catégories en tant que réglant les rapports spatiaux des choses entre elles, nous avons vu aussi que l'existence de la chose en soi était contradictoire et qu'il était non seulement logique, mais encore légitime, de s'efforcer de con-

---

(1) Pour tout ce chapitre, nous nous sommes largement inspiré du discours de M. le professeur H. Bois : *La philosophie idéaliste et la théologie,* prononcé à la séance de rentrée de la Faculté de théologie protestante de Montauban, le 14 novembre 1895. C'est au compte-rendu de cette séance que se rapportent nos renvois.

naître l'essence des choses. C'est ce qui fera la dernière partie de notre travail. Mais auparavant il ne nous semble pas inutile de faire voir comment les idées dont nous allons développer les conséquences se sont introduites dans la philosophie moderne.

Au début du XVIIe siècle, Descartes, rompant franchement avec la philosophie scolastique, réduisit le premier le monde extérieur à une série de mouvements remplissant l'espace infini. *Mouvement* et *étendue*, telles sont les *qualités premières* de la matière, qualités qui ont une valeur par elles-mêmes, indépendamment de nous, par opposition aux *qualités secondes* (son, odeur, saveur, couleur, lumière) qui sont subjectives. Puisque la matière infinie remplit l'espace infini, l'atome indivisible n'existe pas, car si petit qu'on suppose l'atome on peut toujours le diviser en plusieurs parties plus petites que lui (1).

Tel est aussi l'avis de Spinoza. Mais il fait un pas de plus en faisant de l'étendue, *non une substance*, comme Descartes, mais un *attribut de la substance infinie*, qu'il appelle Dieu (2).

En s'engageant sur cette voie, l'objectivité de la matière courait le risque d'être bientôt niée. Malebranche ne le fit pas, car il était prêtre, et la théologie catholique lui commandait de croire au monde extérieur, mais en réalité tout se passe dans son système comme si elle n'existait pas. L'étendue n'est plus une substance, pas même un attribut de la substance, mais simplement une *idée de Dieu*, idée qu'il communique lui-même aux hommes (3).

Le philosophe anglais Berkeley ne se laissa pas arrêter,

(1) Voir Descartes : *Principes de philosophie*, seconde partie, § 20, p. 137, tome 3. Edition Victor Cousin.

(2) Voir Spinoza *Ethique*, seconde partie, proposition 2, p. 52, tome II. Edition Emile Saisset.

(3) Voir Ollé-Laprune. *La philosophie de Malebranche*, tome I, p. 203.

comme Malebranche, par la crainte de l'hérésie. Il nie formellement l'existence de la matière. Les qualités premières
n'ont pas plus de valeur que les qualités secondes : « Berkeley ne reconnaît de réalités qu'aux consciences semblables
ou supérieures aux nôtres et à des idées pensées par ces
consciences. Le seul mode possible d'existence pour tout ce
qui n'est pas esprit, c'est d'être perçu par un esprit : *esse est
percipi* (1). »

Telle fut, pourrait-on dire, la *pars destruens* faite en philosophie par la pensée moderne. Mais il était impossible de
s'arrêter à ces systèmes philosophiques, car enfin la raison
postulait l'existence de réalités en dehors de notre esprit.
Avec Leibniz commence la *pars œdificans*. Comme Spinoza
et comme Malebranche, Leibniz repousse l'hypothèse de
l'étendue-substance. L'étendue est une multiplicité, un
composé, dont on chercherait vainement les unités composantes, puisqu'elle est indéfiniment divisible. *Il ne faut
donc pas chercher la réalité dans l'étendue, mais dans
l'atome extra-spécial, centre de force.* C'est la théorie des
monades dans laquelle nous entrerons plus longuement
dans les chapitres suivants.

Avec Hume nous assistons, non seulement à la négation
de la substance matérielle, mais aussi de la substance spirituelle : « De plus, par sa critique célèbre de la causalité,
dit M. H. Bois, Hume abat l'idole de la causalité transitoire,
déjà ébranlée par Malebranche dans sa théorie des causes
occasionnelles, et par Leibniz dans sa théorie de l'harmonie
préétablie ; il supprime l'ancien problème de la communi-
cation des substances ; il porte, sans en tenir compte lui-
même, il est vrai, un coup mortel à la doctrine de l'enchaî-
nement universel des phénomènes, étroitement liée à la
doctrine de la substance et de la matière ; il écarte les plus

(1) H. Bois. Opuscule cité, p. 26.

grosses difficultés élevées contre la liberté du point de vue substantialiste. (1). »

Il était réservé à Kant de trancher définitivement le problème de l'espace. La première section de *l'Esthétique transcendentale* dans la *Critique de la raison pure* est irréfutable. Malheureusement, comme nous l'avons vu, il commit une grosse erreur au sujet du temps. De plus, par sa distinction du phénomène et du noumène, il revient par delà Leibniz en rétablissant l'idée de substance. Les successeurs allemands ont bien vu que c'était là le point faible de la philosophie kantienne. Aussi ont-ils fait les plus grands efforts pour concilier le leibnizianisme et le kantisme. Mais tous ces efforts ont été stériles : ce sont les systèmes contradictoires de Fichte, de Schelling, de Hœgel et de Schopenhauer.

D'après nous, le néo-criticisme français de MM. Renouvier, Pillon et Dauriac a enfin résolu le problème. Acceptant la critique de Kant sur l'espace, mais rejetant la subjectivité du temps et la distinction en phénomène et en noumène comme contradictoire, le fondateur du néo-criticisme érige enfin une théorie moniste de l'univers parfaitement logique et morale et satisfaisant en tous points la science. Nous ne voulons pas dire par là que le néo-criticisme tel qu'il est actuellement soit la philosophie définitive, la philosophie *ne varietur*. Si l'on prend, en effet, la philosophie au sérieux, si l'on croit qu'elle tend réellement à devenir une science, nul n'a le droit de dire que dans tel système philosophique se trouve toute la vérité et rien que la vérité. Comme la physique et la chimie, la philosophie est susceptible de progrès. Espérons que les penseurs et les savants des siècles futurs, sans résoudre mathématiquement l'énigme du monde, ce qui est impossible, nous le savons bien, apporteront du moins de nouvelles et magnifiques lumières à

(1) *Ibid.*, p. 28.

l'esprit humain. Cependant, les bases sur lesquelles repose le néo-criticisme nous semblent rationnellement et logiquement inattaquables. C'est dans la voie tracée par M. Renouvier, dans le kantisme renouvelé, qu'il faut, croyons-nous, nous engager, si nous voulons atteindre le maximum de vérité. Et, puisque nous acceptons le néo-criticisme, essayons pour notre part d'apporter une très petite et très modeste pierre à l'édifice.

CHAPITRE II

LA MONADE CONSIDÉRÉE EN ELLE-MÊME

---

§ I. — **La monade ; ses propriétés.**

Après ce très court résumé historique, reprenons maintenant directement le problème et voyons comment il est
possible de passer de la matière non consciente et spatiale
à la conscience extra-spatiale.

Les atomes n'étant que des symboles de la réalité métaphysique, il est impossible de chercher dans leurs vibrations l'origine de la conscience psychologique : « Un composé, dit M. Renouvier, ne saurait posséder, en tant que
composé, la conscience, c'est-à-dire *penser*. Ce serait une
proposition sans raison, et même inintelligible, que celle-ci :
*une réunion d'éléments étrangers à la pensée est un tout
qui pense*, un tout qui se rapporte lui-même, comme objet,
à lui-même comme sujet (1). » La conscience est un fait
ultime, irréductible : « C'est aller contre l'essence même de
la conscience, dit M. Boutroux, que d'essayer de s'en rendre compte, par voie de construction analytique, en combi-
nant les actions réflexes suivant les lois qui leur sont propres. Rien ne serait, à ce compte, plus complexe que la
conscience. Il semble, au contraire, que rien ne soit plus
simple, et que nulle part la nature ne s'approche autant de

(1) Renouvier et L. Prat. *Nouvelle Monadologie*, p. 4-5.

ce terme idéal : l'unité dans la perfection (1). » La réalité se trouve dans l'atome extra-spatial et conscient. Cet atome n'est autre que la monade. C'est dans la monade qu'ont lieu les phénomènes de conscience et de pensée. Les monades étant inétendues ne pourront évidemment pas en se composant entre elles constituer des étendues « parce que ce qui est étendu ne peut sans contradiction résulter d'un assemblage d'inétendus (2). »

La principale propriété des atomes inétendus et conscients appelés monades est, d'après Leibniz, l'*aperception*, ou faculté qu'ont celles-ci d'avoir du monde extérieur une idée claire et nette. Par la *perception* la monade a en elle un grand nombre de phénomènes psychologiques inconscients. C'est par l'action du principe interne appelé *appétition* que peut se faire le passage d'une perception à une autre.

§ II. — **Hiérarchie.**

Tout, dans l'univers, se réduit à des aggrégats de monades. Mais ces atomes métaphysiques conscients sont loin d'avoir tous le même degré de conscience. Leibniz pensait même que dans l'univers il n'y avait pas deux monades exactement semblables.

Nous savons bien ce que vont nous objecter ici les partisans aveugles d'une science mal comprise et de la philosophie du sens commun. Ils nous diront qu'il y a dans l'univers trois règnes : minéral, végétal et animal, et que c'est folie ou ignorance que de vouloir tout réduire à l'unité. Certes, loin de nous la pensée de ne point vouloir tenir compte de la science, mais, n'en déplaise à nos adversaires, les divisions des naturalistes, très commodes au point de

(1) E. Boutroux : *De la contingence des lois de la nature*, p. 103
(2) Renouvier : Ouvrage cité, p. 2.

vue pratique, sont plus factices que réelles. Comme l'ont fort bien fait voir M. Boutroux, dans l'ouvrage dont nous avons déjà eu l'occasion de parler : *De la contingence des lois de la nature*, et M. Dunan, dans son article intitulé : *Les théories métaphysiques du monde extérieur,* publié dans la *Revue philosophique* de septembre 1885, la conscience a des degrés indéfinis : « On peut concevoir, dit M. Boutroux, que l'intervention de la vie dans le cours des choses physiques ne soit pas brusque et violente, mais imperceptible et continue, de telle sorte qu'il soit pratiquement impossible de déterminer le point où les phénomènes physiques cessent d'exister uniquement par eux-mêmes et pour eux-mêmes et commencent à être élaborés par des formes supérieures, dont ils deviennent les instruments (1) ». Et M. Dunan : « Une seule chose *est* au monde, *l'esprit...* La raison admet parfaitement dans l'être des degrés... On peut être plus ou moins ; et c'est encore une erreur du sens commun que de considérer l'existence comme quelque chose d'absolu. Le sens commun dit comme Hamlet : « Être ou n'être pas » et cependant il est certain que tous les êtres, c'est-à-dire tous les esprits, ne sont pas de même intensité (2). »

Tout au bas de l'échelle des êtres se trouvent les monades constituant le monde appelé vulgairement monde minéral. Elles possèdent la perception, car la privation de cette faculté équivaudrait pour elle à la non-existence, mais, quel que soit notre effort d'imagination, il nous est impossible de concevoir la distance qui sépare ces consciences si inférieures des consciences supérieures. Les mystérieuses ténèbres du monde inorganique nous sont complètement fermées.

(1) E. Boutroux, ouvrage cité, p. 96-97.
(2) Dunan : *Les théories métaphysiques du monde extérieur.* Dans la *Revue philosophique* de M. Ribot, septembre 1885.

A un certain degré de la hiérarchie des êtres, les monades sont rassemblées de telle sorte qu'il peut se produire ce que les physiologistes appellent la vie. Les anciennes religions animistes, en attribuant une âme au brin d'herbe et à la fleur, étaient peut-être, en un sens, bien plus près de la vérité que beaucoup de systèmes philosophiques modernes. Si le sens commun refuse encore obstinément la sensation, même la plus élémentaire, au minéral, il n'est personne, aujourd'hui, qui oserait la refuser au végétal.

Que les êtres passent d'une classe à l'autre, par des degrés insensibles, cela apparaît nettement entre le règne végétal et le règne animal. La transition se fait, en effet, insensiblement entre les deux règnes, et même parfois les naturalistes sont fort en peine pour en fixer les limites. Et entre les monades animales, quelle différence entre la monade dominante du dernier des protozoaires et la monade dominante d'un des mammifères les plus élevés, le singe, par exemple !

Avec l'homme, le problème se complique singulièrement. On se trouve en présence d'un être qui, au point de vue physique, est un peu mammifère, et qui, au point de vue appelé vulgairement moral, spirituel, religieux, est un tissu de contradictions, une énigme vivante. On connaît les profondes pensées de Pascal à ce sujet. Reconnaissons-le franchement : la monade où se passe le drame de la conscience humaine est encore plus différente, s'il est possible, de la monade animale la plus élevée que celle-ci de la monade animale, même la plus rudimentaire (1).

(1) D'après Lange, voici comment Leibniz se représentait la hiérarchie des monades : « Les monades de nature inorganique n'ont que des idées qui se neutralisent, comme chez l'homme durant un sommeil sans rêves. Les monades du monde organique sont placées à un degré supérieur ; le monde animal inférieur se compose de monades qui rêvent ; le monde animal supérieur a des sensations et de la mémoire, l'homme a la pen-

La conception monadiste du monde postule, enfin, pour être logique, l'existence d'une monade parfaite, cause des phénomènes, à laquelle elle donne le nom de Dieu.

§ III. — Origine.

Ce n'est pas dans un travail de ce genre, qui ne soulève déjà que trop de questions, que nous essaierons de prouver l'existence de Dieu. Nous nous bornerons à faire remarquer que toutes les conceptions sur Dieu et sur le monde, si différentes soient-elles en apparence, se réduisent, au fond, à deux :

1° Les systèmes matérialistes qui admettent l'éternité de la matière, de la force et du mouvement. La seule objection tirée du nombre infini suffirait à les ruiner. Et il n'en manque pas d'autres, comme nous l'avons vu plus haut en étudiant les divers concepts de matière, de force et de mouvement ;

2° Les systèmes idéalistes qui font dériver le monde d'un Dieu conscient, personnel et tout puissant.

D'après nous, c'est ce Dieu qui, par un acte de liberté, a créé toutes les monades. Ce point de vue est d'ailleurs, dans un certain sens, celui de Leibniz qui dit que les monades ne peuvent commencer que par création.

Que faut-il entendre par l'origine du monde ? Est-ce la nébuleuse primitive, dont nous parlent les astronomes, qui a été créée directement par Dieu, ou bien n'était-elle que la désagrégation d'un monde antérieur ? Dans ses plus récents ouvrages, M. Renouvier admet cette dernière hypothèse. Logiquement, il faut reconnaître qu'en soi elle n'a rien d'impossible, mais elle ne fait que reculer le problème de

sée. » Histoire du matérialisme, Traduction Pommerol, tome I, p. 415-416.

quelques millions d'années. Autrefois, il est vrai, on aurait invoqué en faveur de cette hypothèse le texte Genèse I, 1 : « *Berechit bara elohim* » qui, d'après les hébraïsants, doit se traduire : « au commencement Dieu ordonna, arrangea » et non « au commencement Dieu créa », mais aujourd'hui la science et la philosophie ne doivent heureusement plus compter avec une autorité quelconque.

Nous admettons donc que toutes les monades constituant la nébuleuse primitive dont nous parlent les astronomes ont été créées directement par Dieu. *Au commencement Dieu créa l'univers ex nihilo, et au commencement signifie le commencemeut de l'économie actuelle.*

§ IV. — **Les objections au monadisme.**

On ne manquera pas de faire à la conception du monde exposée dans ce travail un certain nombre d'objections auxquelles, croyons-nous, il est bon de répondre avant d'aller plus loin dans l'exposition des théories monadistes.

La principale de ces objections peut se résumer en ces termes : le monadisme n'est qu'un panthéisme déguisé. Leibniz dérive de Spinoza. Comme les systèmes panthéistes, la Monadologie fait tout émaner de Dieu. On peut y lire, en effet, ces lignes caractéristiques . « Ainsi, Dieu seul est l'unité primitive, ou la substance simple originaire, dont toutes les monades créées ou dérivatives sont des productions, et naissent, pour ainsi dire, par des *fulgurations continuelles de la divinité de moment en moment,* bornées par la réceptivité de la créature, à laquelle il est essentiel d'être limitée (1). » Un des meilleurs commentateurs de la Monadologie, M. Boutroux, reconnaît lui-même que « fulgura-

(1) Leibniz : *Monadologie.* Ed. Boutroux, p. 166-167.

tions » doit être traduit par « émanations soudaines ». Mais il y a plus : l'idée fondamentale du panthéisme est que tout ce qui existe vit, que tout ce qui est, est une parcelle, un fragment de Dieu. Quelle différence y a-t-il entre cette conception du monde et le monadisme qui attribue une sorte de sensation, non seulement aux végétaux, mais même aux animaux ?

Nous croyons que ce reproche de panthéisme adressé au leibnizianisme et surtout au renouviérisme n'a pas grande valeur. Il serait facile de faire voir combien l'émanation leibnizienne est différente de l'émanation proprement panthéiste. Ce n'est pas d'ailleurs la théorie de l'émanation que nous voulons défendre dans cette thèse, mais, comme nous l'avons vu au paragraphe précédent, la création *ex nihilo* au commencement du monde de toutes les monades. En outre, nul système ne distingue plus nettement les êtres entre eux que le monadisme.

Le mouvement philosophique inauguré par Leibniz, nous dira-t-on encore, n'est qu'une forme nouvelle de l'idéalisme de Berkeley. Au commencement du XIXe siècle, il a fait sa réapparition dans le système de Fichte. La négation de la matière entraîne forcément la négation du monde extérieur. D'ailleurs, soutenir que tout dans l'univers se ramène à l'esprit, n'est-ce pas construire de sa propre autorité un système philosophique entièrement hypothétique qui, non seulement n'a rien de commun avec la science, mais encore qui heurte le plus vulgaire bon sens ?

Nous croyons avoir déjà réfuté cette objection dans les pages précédentes. Dans notre court chapitre sur *Les origines du monadisme dans la philosophie moderne*, nous avons fait voir la part de vérité renfermée dans chacun des principaux systèmes philosophiques à partir de Descartes et comment Berkeley avait préparé Leibniz, mais entre l'idéalisme absolu de celui-là et le monadisme de celui-ci, il y a un véritable abîme. Loin de nier le monde extérieur, les systèmes de Leibniz et de M. Renouvier sont, au contraire, une réaction contre la philosophie qui ne voudrait attribuer aux choses aucune réalité en dehors de notre esprit. Certes, le monadisme nie la matière. Mais qui donc oserait sérieusement l'attaquer sur ce point ? Qui voudrait défendre l'existence en soi de ce concept le plus vide de tous ? Invoquera-t-on à son secours le sens commun ? Mais l'ancienne philosophie écossaise a vécu et personne, croyons-nous, n'a envie de la ressusciter. Il faut aujourd'hui le reconnaître en toute franchise : le sens commun est le plus mauvais des criteriums en philosophie. Ce qu'il faut mettre à la place de la matière ce sont, comme nous l'avons déjà vu, des idées, mais des idées distinctes les unes des autres, indépendantes, ayant une existence en elles-mêmes.

CHAPITRE III

LE FONCTIONNEMENT ORGANIQUE DU SYSTÈME MONADOLOGIQUE

---

§ I. — Les lois.

L'univers entier obéit à des lois. C'est une vérité indiscutable. Mais quelle idée devons-nous nous faire de ces lois avec le système philosophique que nous exposons ici ? Quelle définition pouvons-nous en donner ? Voici celle que nous proposerons :

Les lois physiques de l'univers sont les relations qui, pour notre esprit assujetti à l'espace, traduisent d'une façon symbolique les rapports des monades entre elles et leurs diverses modifications.

Le « trou de l'espace » que nous portons, en effet, en nous en naissant, suivant l'expression de M. Fouillée (1), ne nous permet que de saisir dans des rapports inadéquats, mais mathématiquement exacts pour ce monde spatial, où la relativité est la catégorie des catégories, les relations des monades entre elles.

Il résulte de ces définitions que, dans leur sphère, les lois de la nature, bien que symboliques, sont absolument exactes. Par définition, une loi ne peut admettre d'exception.

(1) A. Fouillée : *Psychologie des idées-forces*, tome II, p. 64.

Si parfois un phénomène nous paraît contraire aux lois naturelles, c'est que les diverses causes de ce phénomène sont
dues à des lois que nous ignorons et qu'il appartient à la
science de chercher. Comme le dit fort bien M. Renouvier :
« Les lois de la nature n'ont rien de contingent, elles sont
déterminées et déterminantes dans ce qu'elles préordon-
nent. Il appartient à la science de formuler des relations
qui *par hypothèse* excluent l'accident et la perturbation. La
nature est autre chose ; la science est, dans tous les rapports
qu'elle entreprend de définir, une *abstraction de la nature* (1). » Est-ce à dire que de cette conception des lois
doive nécessairement résulter le déterminisme universel ?
Loin de là : « Quand il arrive que des lois qu'on a regar-
dées comme rigoureuses, dit encore M. Renouvier, se trouvent n'être qu'approximatives parce qu'on réussit à rendre
les observations plus précises, on reconnaît par là la présence d'une autre loi ; il y en a partout ; mais *la question
reste entière, de savoir s'il en est aucune dont, au delà des
limites de toute vérification possible, nous ayons le droit
d'affirmer qu'elle ne laisse point de place au clinamen
d'action des réels auteurs du mouvement dans l'œuvre complexe d'un phénomène ramené à ses derniers éléments de
causalité* (2). » C'est là le nœud du problème de la liberté
et du déterminisme. Nous essaierons de le trancher dans le
paragraphe suivant en repoussant l'harmonie préétablie de
Leibniz, et en essayant de concilier le monadisme et le libre
arbitre.

De tout ce qui précède, il résulte que les lois naturelles
n'existeraient point si elles n'étaient pensées par des esprits
assujettis eux-mêmes aux diverses lois psychologiques inhé-
rentes aux monades. Dans toute la hiérarchie des êtres,

(1) Renouvier. Ouvrage cité, p. 89.
(2) *Ibid.*, p. 88.

nous avons la loi de conscience (1). L'homme seul possède
la loi psychologique : nous voulons parler de la loi de personnalité. Et c'est sous le champ de la conscience, sous la
loi de personnalité que se révèlent à nous sous les formes
de justice, de charité et d'amour les diverses manifestations
de la loi morale. Celle-ci, à l'inverse des lois physiques,
n'étant pas un rapport spatial, nous est connue directement.
Nous ne voulons pas dire par là que d'autres esprits ne la
connaissent pas mieux que nous, mais simplement que le
peu que nous en connaissons a une valeur réelle, absolue,
et non symbolique.

Mais la croyance à la loi morale implique la croyance à
la liberté. Comment peut-on expliquer celle-ci dans notre
système ? Telle est la question que nous allons maintenant
examiner.

§ II. — Harmonie préétablie et liberté.

Le système de Leibniz est le déterminisme absolu : chaque monade a en elle, plus ou moins clairement, une
représentation de tout l'univers. Aucune monade ne peut
agir sur une autre. On connaît la phrase célèbre : « Les
monades n'ont point de fenêtres, par lesquelles quelque
chose y puisse entrer ou sortir (2). » Comment donc peu-
vent-elles se connaître ? Leibniz répond : par l'harmonie
préétablie. Le philosophe allemand Lange, analysant la
Monadologie, dit : « L'ensemble des idées de toutes les
monades forme un système éternel, une harmonie parfaite,

_____

(1) Cf. ce que dit M. Renouvier dans son dernier ouvrage :
Histoire et solution des problèmes métaphysiques : « La conscience est une loi, la première de toutes, et fondamentale, hors
de laquelle il ne s'en peut penser de représentées. » p. 441
(2) Leibniz, ouvrage cité, p. 144.

établie avant le commencement des temps (préétablie) et restant immuable malgré les vicissitudes continuelles de toutes les monades (1). » Et M. Boutroux : « Qui pourrait développer tous les replis d'une monade y lirait non seulement toute son histoire, mais l'histoire du monde entier (2).»

En adoptant le monadisme, est-on obligé d'accepter l'harmonie préétablie ? Nous ne le croyons pas, et nombreux sont les auteurs que nous pourrions invoquer en faveur de notre thèse. Dans son *Histoire de la Philosophie atomistique,* M. Mabilleau qualifie « d'invention assez malheureuse (3) » l'incommunicabilité des monades, et pourtant ce philosophe est très favorable au monadisme. En Allemagne, au milieu du siècle dernier, Lotze développa, dans son *Microcosme* et sa *Métaphysique,* un mécanisme idéaliste assez analogue à celui de Leibniz, mais il se sépara franchement de celui-ci en admettant l'action des monades (4). En France, les néo-criticistes, dont le système n'est, au fond, qu'une synthèse éclectique de Leibniz et de Kant, ont énergiquement attaqué le déterminisme leibnizien. Qu'on en juge d'ailleurs par cette note de la première partie de la *Nouvelle Monadologie,* due à M. Renouvier ou à son collaborateur M. L. Prat : « *L'harmonie préétablie, telle qu'elle se présente dans la doctrine de Leibniz, est une loi inconcevable en elle-même,* comme portant sur une infinité de substances actuelles et de phénomènes à venir, les phénomènes futurs n'étant pas moins prédéterminés que les phénomènes donnés ; et inconcevable encore, par la conciliation que ce prodigieux et subtil métaphysicien

(1) Lange, ouvrage cité, tome I, p. 415.

(2) Boutroux, édition de la Monadologie déjà citée, p. 50.

(3) Page 478.

(4) Voir à ce sujet W. Wundt : *Eléments de psychologie physiologique,* trad. Eliė Rouvier, tome I. Introduction de Nolen, p, xxIII.

entend opérer entre l'existence réelle d'un créateur, le fait
réel d'une création et la donnée éternelle d'une infinité
(même infiniment infinie, selon lui) de possibles, entre lesquels la monade divine, éternelle, aurait choisi celui de
leurs systèmes, tous infinis, et en nombre infini, qu'elle
aurait jugé le plus conforme à sa sagesse. Elle en aurait
arrêté *a priori* le développement dans chaque monade, et
dans toutes, ainsi appelées à faire chacune sa partie préor-
donnée dans le concert de ce *meilleur des mondes possibles* (1). » M. Renouvier estime que les monades supérieures « *ont le pouvoir de donner des commencements à des
séries de phénomènes relativement et partiellement indé-
pendants de leurs propres états antécédents*, et capables de
modifier plus ou moins l'état extérieur des rapports donnés
et la suite de ceux qui sont à venir (2) ».

Nous ne saurions trop attirer l'attention sur ces dernières
lignes. Elles renferment en effet toute la question du libre
arbitre. Avons-nous, oui ou non, non seulement le droit,
mais encore le devoir, nous appuyant sur la science et sur
la raison, de croire à une cause d'un phénomène qui ne soit
pas déjà donnée dans un phénomène antérieur ? Ou mieux,
si l'on nous objecte que poser ainsi le problème c'est
admettre un effet sans cause, comment peut-on expliquer
qu'une force qui n'est pas une force peut agir sur des forces
sans violer la loi de la conservation ? Là est tout le problème. Nous avons déjà vu plus haut qu'il fallait bien admettre
à l'origine, si l'on ne voulait pas être en contradiction avec
les mathématiques, une cause du mouvement qui ne soit
pas du mouvement. Et cette remarque n'est certes pas
nouvelle. Il y a plus de deux mille ans que le philosophe
grec avait déjà dit : « ἀνάγκη στῆναι. » Mais sommes-nous
obligés d'employer fatalement de telle ou telle manière la

(1) Renouvier et L. Prat : *Nouvelle Monadologie*, p. 41.
(2) Ibid. p. 24-25.

quantité d'énergie que nous portons en nous ? A cette
question nous n'hésitons pas à répondre : Non. Qu'on
songe, en effet, quelques instants à la question, et l'on verra
combien est vicieux l'argument déterministe qui s'appuie
sur la conservation de l'énergie. Certes, je n'ai en moi
qu'une certaine quantité d'énergie et je ne puis dépenser
que cette quantité. C'est là une vérité évidente. Mais cette
quantité, je puis l'employer de différentes façons. Nous
objectera-t-on que notre prétendue liberté suit toujours le
motif le plus fort ? Mais qu'en sait-on ? Par quel critère
infaillible distinguer que tel ou tel motif est le plus fort ?
Certes, nous n'oublions pas l'hérédité et la grande part de
déterminisme contenue dans le monde, mais cependant,
bien que dans ce domaine la démonstration mathématique
soit impossible, pourquoi ne pas admettre, quand la thèse
opposée est contradictoire, que, dans certains cas, notre
personne a le pouvoir, non point de créer du mouvement,
mais de donner telle ou telle impulsion à la quantité de
mouvement virtuel, de potentiel, qui est emmagasinée en
nous ?

Avec cette théorie, l'incompréhensible incommunicabilité
des monades tombe d'elle-même. Il faut bien, en effet, que
les monades communiquent entre elles pour pouvoir percevoir les changements produits dans le monde par le facteur
liberté. Tandis que dans le leibzianisme la perception des
monades était, sinon contradictoire, du moins inutile,
puisque chaque monade portait en elle toute la représentation du monde, dans le système philosophique que nous
défendons ici, elle est absolument indispensable pour percevoir les modifications apportées par l'homme dans le
monde.

Telles sont, croyons-nous, les principales modifications
qu'il faut faire subir au leibnizianisme sur la question de
l'harmonie préétablie et de la liberté pour être dans la vérité.

§ III. — Création et transcréation.

Une question se pose maintènant : comment expliquer
le caractère *sui generis* de la monade constituant la personnalité humaine? Reconnaissons-le franchement : le problème
est insoluble. Quel que soit le terrain sur lequel ils se pla-
cent, les savants et les philosophes finissent toujours par se
heurter non seulement à des difficultés, mais même à des
mystères. Essayons néanmoins de voir si, nous aidant de
l'histoire du monadisme, nous ne pourrions pas chercher
une explication plausible du problème.

Ce n'est point dans la monadologie où, comme nous
l'avons vu, Leibniz défend une sorte d'émanation qui ten-
drait au panthéisme, que nous trouvons une solution
s'accordant avec les faits et les théories exposés dans le
cours de ce travail. Mais dans la *Théodicée* et dans une
Lettre à M. des Maizeaux se trouvent quelques lignes qui
peuvent nous mettre sur la bonne voie. Voici le passage de
la *Théodicée* auquel nous faisons allusion : « Il me paraît
convenable, pour plusieurs raisons, que les monades
n'existaient à l'origine qu'en âmes sensitives ou animales
douées de perception et de sentiment et destituées de raison,
et qu'elles sont demeurées dans cet état jusqu'au temps de
la génération de l'homme à qui elles devaient appartenir,
mais qu'*alors elles ont reçu la raison ;* soit qu'il y ait un
moyen naturel d'élever une âme sensitive au degré d'âme
raisonnable (ce que j'ai de la peine à concevoir), soit que
Dieu ait donné la raison à cette âme par une opération
particulière, ou, si vous voulez, *par une espèce de transcréation* (1). » Dans sa lettre à M. des Maizeaux, Leibniz
s'exprime en termes à peu près semblables : « Je crois, dit-

(1) Leibniz : *Théodicée,* première partie, § 91.

il, que les âmes des hommes ont préexisté, non pas en âmes raisonnables, mais en âmes sensitives seulement, qui ne sont parvenues à ce degré supérieur, c'est-à-dire à la Raison, que lorsque l'homme, que l'âme devait animer, a été conçu (1). »

On voit quelle est dans ces passages la pensée de Leibniz : toutes les monades qui ont été, qui sont et qui seront plus tard âmes humaines, existent depuis le commencement du monde, non point en tant qu'âmes humaines, mais en tant seulement que monades inférieures. Ce qui est créé à l'origine, c'est la monade, en tant que monade ; ce qui est ajouté c'est la raison lorsque dans la suite des temps certaines de ces monades prédestinées arrivent à fonctionner dans un organisme sous la loi de personnalité. C'est au moment de la conception de l'individu que par un acte spécial Dieu opère la transcréation de l'être nouveau.

Nous n'ignorons pas qu'on peut faire à cette théorie, pourtant la plus plausible, selon nous, de nombreuses objections. Qu'est-ce, en effet, que cette intervention perpétuelle de Dieu dans le monde ? Faut-il donc qu'il intervienne continuellement dans son œuvre ? Mais alors combien elle est imparfaite !

On nous permettra de répondre qu'il n'est ni contradictoire ni illogique d'admettre que Dieu agisse sans cesse. Ni la science ni la philosophie n'ont pu encore démentir ces paroles de Paul aux Athéniens : « C'est en lui que nous avons la vie, le mouvement et l'être (2). »

La transcréation des monades est fort loin d'ailleurs d'être un fait, non seulement magique, mais même miraculeux. Dans cette hypothèse, Dieu se borne à donner à la monade centrale de l'organisme, à celle autour de laquelle se grou-

(1) Leibniz. *Lettre à M. des Maizeaux*, dans les *Leibnitii opera philosophica*. Edit. Erdmann. Pars prior. p. 676.

(2) Actes, XVII, 28.

peront les monades inférieures, une puissance virtuelle de développement moral et spirituel qui pourra se développer sans cesse au fur et à mesure que l'homme prendra davantage conscience de lui-même. Dieu nous donne les moyens, de nous créer une personnalité, d'être réellement causes de nous-mêmes. A nous de savoir, à nous surtout de vouloir nous en servir.

Ira-t-on nous chercher querelle en invoquant la biologie, et en nous disant que notre hypothèse monadiste est en contradiction avec les résultats actuels de la science, qui nous enseigne que dans le phénomène de reproduction on doit attribuer une part égale à l'élément mâle et à l'élément femelle ? Or, par définition la monade est indivisible. D'ailleurs, une seule est transcréée. Celle-ci appartient-elle à l'organisme du père ou à l'organisme de la mère ?

On ne peut évidemment faire à cette objection que des réponses fort hypothétiques. En tous cas, notre explication n'est point anti-scientifique, car elle se meut par définition sur un terrain extra-spatial où la science n'a rien à voir. On pourrait peut-être dire que, lorsque l'enfant qui doit naître est un garçon, la monade transcréée appartient à l'organisme du père, qu'elle appartient, au contraire, à l'organisme de la mère lorsque l'être nouveau doit être une fille. Mais ce sont là des hypothèses qui, nous le reconnaissons, ne s'appuient sur aucun fait.

Pourquoi Dieu transcrée-t-il telle monade plutôt qu'une autre ? Pourquoi celle-ci plutôt que celle-là ? Toutes seront-elles à la fin transcréées ? Telles sont les questions que nous allons examiner dans notre dernier chapitre.

CHAPITRE IV

L'AVENIR DES MONADES

§ I. — Science et monadisme.

Nous avons vu dans la seconde partie de ce travail que l'univers entier marche peu à peu vers la mort (1). La dissolution l'emporte sur l'évolution. Un jour viendra où non seulement notre système solaire, mais encore tous les systèmes de l'univers, seront éteints. Du moins, c'est ce qu'enseignent les astronomes. Et c'est là une vérité évidente en se plaçant sur le terrain empirique de la science. Voyons maintenant l'interprétation que l'on peut donner de ces faits avec le système philosophique exposé dans les pages précédentes.

Quand la dernière conscience capable de penser le monde et assujettie à l'espace n'existera plus, du moins ne se mouvra plus sous les mêmes lois qu'aujourd'hui, l'espace n'existera plus. L'univers, que nous appelons maintenant le monde physique, sera un monde extra-spatial peuplé uniquement de consciences, de monades inférieures. Mais alors ce monde sera bien voisin du néant, car n'est-ce pas le propre des monades inférieures que d'être pensées par des esprits supérieurs? En outre, aucun lien ne réunira ces êtres entre eux puisque les lois physiques, qui ne font que tra-

(1) Voir plus haut, p. 43.

duire les rapports spatiaux des esprits aux choses, n'étant plus pensées par des personnes, n'existeront plus (1). De quelle utilité seront d'ailleurs ces monades ? Vers quelle fin, vers quel but tendront-elles ? Impossible de donner à ces questions une réponse tant soit peu satisfaisante. Dès lors, non seulement ne peut-on pas admettre, mais même ne doit-on pas admettre que, par un acte de liberté analogue à celui de la création, Dieu anéantira ces monades inutiles, leur enlèvera le peu d'existence qu'il leur restait par suite de la suppression de ces rapports avec les monades supérieures ? Ce monde passager et transitoire aura vécu. L'édifice étant construit, l'échafaudage sera enlevé. Dieu tournera tous ses regards et toute son activité vers le monde réel.

§ II. — La vie future.

Jusqu'ici nous avons supposé qu'après la mort, la monade qui constitue notre personnalité disparaissait. Pour la science, elle semble, en effet, anéantie. Le physiologiste trouve qu'il n'a plus à s'en occuper. Elle rentre dans le sein du grand tout. Mais c'est là une conclusion contradictoire avec la définition de la monade telle que nous l'avons donnée d'après Leibniz et M. Renouvier. La monade étant simple et extra-spatiale, notre monade centrale ne peut périr par la mort, qui n'est au fond qu'une séparation de toutes les monades qui constituent notre organisme. Et il n'y a aucune raison sérieuse pour admettre qu'elle périsse par anéantissement ou bien par voie d'extinction progressive,

(1) Cf. Boutroux, ouvrage cité : « Le triomphe complet du bien et du beau ferait disparaître les lois de la nature proprement dites et les remplacerait par le libre essor des volontés vers la perfection, par la libre hiérarchie des âmes. » P. 170.

du moins immédiatement après la mort. Elle fonctionne alors sous des lois qui nous sont complètement inconnues et qui probablement le seront toujours. C'est pour cela que dans le paragraphe précédent nous avons raisonné comme si elle n'existait pas. Mais, bien que sur ce terrain l'expérience sensible fasse complètement défaut, ne peut-on cependant essayer'd'y jeter quelque peu de lumière ? Nous croyons pouvoir répondre par l'affirmative. Les deux ouvrages qui, sur ce sujet si délicat, et où le mysticisme est si fort à craindre, nous ont semblé offrir le caractère le plus scientifique, sont les conférences de M. le doyen Armand Sabatier, de Montpellier, faites d'abord à Genève en 1894, puis à Paris en 1895, et publiées plus tard sous le titre d'*Essai sur l'immortalité*, et le récent livre de M. Camille Flammarion : *Les problèmes psychiques et l'Inconnu.*

M. Sabatier, pas plus d'ailleurs que M. Flammarion, ne pose la question sur le terrain monadiste. Leurs idées n'en ont ainsi que plus de valeur. De cette façon, on ne peut, en effet, les accuser de partialité ou de parti-pris. Quant à leur compétence scientifique, personne, croyons-nous, ne la mettra en doute.

Disons quelques mots des idées principales développées par ces deux auteurs.

1° M. Sabatier

M. Sabatier ne songe pas un seul instant à faire illusion à ses lecteurs. Il reconnaît que si c'est « un véritable abus, une grave faute de lèse-science (1) » de proclamer au nom de la science l'anéantissement de la personnalité après la mort, cette même science est en revanche incapable de démontrer d'une façon rigoureuse et sans réplique notre immortalité personnelle. Mais il affirme nettement que la

(1) P. 8.

croyance à la vie future n'est nullement en contradiction
avec les plus récentes découvertes scientifiques. Notre *moi*
est un faisceau psychique. La vie et l'esprit sont répandus
partout. Le cerveau est un emmagasinateur et un conden-
sateur. Après la mort, notre personnalité psychique passe
dans un autre organisme. Et, employant la terminologie
chrétienne, M. Sabatier dit que nous revêtons un corps spirituel immédiatement après la mort. Pendant notre agonie,
le corps spirituel se détache peu à peu du corps matériel,
comme un fruit se détache de l'arbre. Notre auteur conclut
enfin en se rangeant à l'hypothèse connue en théologie sous
le nom d'immortalité conditionnelle (1).

2° M. Camille Flammarion

M. Sabatier essaie de fonder la croyance à l'immortalité
sur des hypothèses rigoureusement scientifiques. M. Flammarion fait un pas de plus. Il veut employer dans ce domaine la méthode expérimentale, ou du moins une méthode
empirique rationnelle. Il pose d'abord ce fait que nous ne
connaissons les choses que par leurs rapports, et encore que
nous ne connaissons qu'une très petite partie de ces rapports. Mais, sans méconnaître la faible portée de la raison
humaine, le savant astronome croit que nous pouvons tou-
tefois essayer d'augmenter notre connaissance. C'est le
devoir de tout homme qui se préoccupe quelque peu de
l'avenir de la science et de l'humanité. L'important est de
se tenir dans cette étude à égale distance de l'incrédulité et
de la crédulité. Il ne faut admettre que les faits offrant les
plus hautes garanties d'exactitude.

(1) Voir à ce sujet sa septième conférence : « Nous ne préten-
dons pas, dit-il, réserver l'immortalité à une aristocratie de penseurs, d'hommes éminents, de philanthropes et de moralistes
illustres. C'est à une aristocratie du cœur et de la conscience
morale qu'elle nous paraît appartenir. » p. 234.

M. Flammarion veut prouver que les mourants peuvent se manifester à distance aux personnes qui leur sont chères. Il affirme(1) que nous sommes forcés d'admettre l'existence d'une force psychique inconnue, émanée de l'être humain, pouvant agir à de grandes distances, et sur laquelle la mort n'a pas de prises. Pour prouver cette affirmation, il a organisé un immense plébiscite dans le monde entier et a accumulé dans son volume les témoignages qui lui ont semblé les plus dignes de foi. Il termine enfin son ouvrage par les conclusions suivantes :

« 1° L'âme existe comme être réel, indépendant du corps ;

« 2° Elle est douée de facultés encore inconnues à la science ;

« 3° Elle peut agir et percevoir à distance sans l'intermédiaire des sens (2). »

Ce rapide exposé, si succinct soit-il, montre que non seulement les philosophes, mais encore des naturalistes, comme M. Sabatier, ou des astronomes, comme M. Flammarion, sont arrivés par leurs études à la croyance en la survivance de la personnalité après la désagrégation de notre organisme. Comment expliquer en monadologie ce résultat ? Voici comment, nous semble-t-il, on peut interpréter ce phénomène : la monade centrale, par suite de ce qu'on appelle la mort, ne fonctionne plus sous des lois que nous pouvons atteindre directement. Débarrassée des formes dans lesquelles notre esprit est emprisonné, elle passe du monde spatial dans le monde réel. Le voile qui nous enveloppait provisoirement se déchire. Nous entrons dans le monde, appelé par la philosophie platonicienne royaume des Idées, par Kant royaume des Fins, et par Jésus et ses disciples Ciel ou Royaume des cieux.

(1) P. 275.
(2) P. 581.

CONCLUSION

Nous voici arrivé à la fin de notre travail. Avons-nous atteint le but que nous nous proposions dans notre introduction ? Avons-nous jeté un peu de lumière sur ces notions si controversées de matière et de conscience ? Nous l'espérons. Qu'on nous permette d'ailleurs de jeter un rapide coup d'œil en arrière.

De l'avis même des philosophes positivistes, le mouvement est non seulement incapable d'expliquer la pensée, mais même le phénomène de conscience psychologique le plus élémentaire. L'homme possède, en outre, un caractère *sui generis* qui le distingue de tous les autres êtres de la création. Tel est le sujet de notre première partie.

Que nous enseigne maintenant la physique au sujet de la théorie matérialiste ? Est-elle en sa faveur ? Loin de là. Le principe fondamental de la physique moderne, l'inertie de la matière, est, en effet, formellement nié par le matérialisme. Ce système philosophique est en contradiction radicale avec la science. C'est autour de cette discussion que roule toute notre seconde partie.

Dans la troisième partie, nous avons fait voir, par une étude critique et rationnelle des concepts d'espace et de temps, que la subjectivité du premier s'imposait à quiconque reconnaissait une valeur réelle aux mathématiques, tandis que le second devrait être classé, non point parmi les formes *à priori* de la sensibilité, mais parmi les catégories inséparables de tout esprit. Le temps a donc une valeur en soi, même pour Dieu. Telles sont les questions traitées dans notre troisième partie.

Par quoi est constitué l'univers ? Le matérialisme répond : par des atomes matériels. Quant à nous, nos études précédentes nous font substituer aux atomes matériels des atomes spirituels appelés monades. Nous nous réclamons à la fois de Leibniz et de M. Renouvier. La méthode néo-criticiste nous a permis d'expliquer le monadisme, la liberté, la transcréation, etc.. Notre quatrième partie n'est que le développement de ces diverses théories.

Maintenant notre travail est achevé. Au lecteur de juger la part de vérité qu'il contient. Quant à nous nous n'avions, en écrivant ces pages, qu'un seul but : la recherche indépendante de la vérité.

THÈSES

I

Dire que la pensée est un mouvement, c'est énoncer une proposition inintelligible. Un mouvement est un mouvement et rien de plus. Tout nous porte à croire cependant qu'il n'y a aucun phénomène mental qui ne soit accompagné de sa manifestation physiologique.

II

Le matérialisme est en contradiction formelle avec le principe fondamental de la physique moderne : l'inertie de la matière.

III

Seule, la subjectivité de l'espace peut résoudre l'antinomie de l'atome à la fois divisible et indivisible.

IV

Bien que logiquement il soit possible d'admettre l'existence d'un monde ante-nébulaire, nous admettons, pour notre part, la création *ex nihilo* au début des phénomènes constituant l'économie actuelle.

V

Le monde est une hiérarchie d'esprits assujettis à des lois.

VI

Les lois physiques sont passagères. Seule la loi morale est éternelle.

VII

La philosophie est une science susceptible de progrès.

VIII

Le néo-criticisme est une méthode plutôt qu'un système philosophique immuable.

Vu par le Président de la soutenance,

Montauban, le 13 mai 1902,

F. LEENHARDT.

Vu : pour le Doyen,

L'assesseur,

A. WABNITZ.

Vu et permis d'imprimer,

Toulouse, le 28 mai 1902,

Le Recteur, président du conseil d'Université,

PERROUD.

TABLE DES MATIÈRES

QUATRIÈME PARTIE

Le Monadisme.

Imprimerie LABOUCHE Frères — Toulouse.

www.ingramcontent.com/pod-product-compliance
Lightning Source LLC
Chambersburg PA
CBHW071103210326
41519CB00020B/6143